財産権の大いなる誤解

開発における理論、現実、展開

フランク・K・アッパム／著　金子由芳・入江克典／訳

神戸大学出版会

目次

序文

　本書は、私の教育と学問の合流から生まれたものだ。私がアメリカの財産法を教え始めたのは30年以上前のことで、この分野にとくに興味があったからではなく、オハイオ州立大学ロースクールが私に教えるよう求めた科目が1年生の財産法であったからだ。財産法を教えるのは楽しかったが、私の研究は比較法、特に日本、そして後には中国に重点を置いていた。1980年代後半に起こった2つの出来事が、この並行した流れを接触させることになった。第一は、強固な法体系を伴わないまま展開した中国の経済成長、第二は、世界銀行が新制度派経済学を採用し、成長の前提条件として法制度を重視したことにより、「第二次法と開発運動」が活発化したことである。直接的なきっかけは、ラオス人民民主共和国に世界銀行のコンサルタントとして赴き、ラオスの土地法改革について講義をしたことであった。私は、世界銀行の第一候補ではなかった。世界銀行は、財産法、そして特に民法典諸国の財産法に関してより大きな学問的成果を上げている人物を適切に採用していた。しかし、当人が直前になって辞退したので、私が代わりに行くことになった。

　私は、2つの例外を除いて、自分で講義を構成することを許された。一つは、土地は私有でなければならず、土地収用で取得された土地は公正な市場価格で補償されねばならないことを強調すること。そして第二に、さほど正式な要請ではなかったが、中華人民共和国をラオスの改革にとってのモデルとして用いないということだった。これらの制約に戸惑ったのには、いくつかの理由がある。第一には、もちろん、中国がすでに近年の急速な経済成長の代表的な例であったことだ。中国は、フランスなどとは異なり、その土地法について私なりにある程度知っていた外国であったが、世界銀行がなぜ中国をラオスのモデルにしたがらないのか、理解できないほどナイーブではなかった（あるいは、理解したつもりであった）。それよりも問題だったのは、その中身である。土地の個別的な私的所有権も、公正な市場価値の補償も、成長や開発には必要ないように私には思われた。実際、アメリカ自身の経験、ましてや中国やベトナムの経験は、この2つの条件に矛盾するものであったし、ラオス政府に要求されるイデオロギー的な変革は、非常に貧しい国に要求するには無理があり、成長と開発という観点からは無関係なように思えた。それでも私はその方針を受け入れた。世界銀行は私のクライアントであり、この分野での深い専門知識を持ち、私に十分な報酬を支払ってくれていた。

　コンサルティング終了後、私は国際的な開発に関する言説に注目し、特に成長のためにどのような財産法が必要であるとされているかに関心を持つようになった。

そして私は、個人の私有財産や市場原理への適合以上に、成長のための処方箋として一貫して確信的に繰り返されているのが、実定的で安定的な財産権の必要性であることを発見した。それは、私が1年目の法学生に教えていることの多くと真っ向から矛盾しており、私は衝撃を受けた。私は、裁判所がいかにして財産権を維持するかではなく、裁判所や立法府がいかにして正統性を確保しつつ財産権を変更するかを、教えてきたのである。この頃、私は中国の成長と発展において、実定的な法や裁判所が相対的に欠如していることにも興味を持ち始めていた。そのため、教育と学問の両面から、私が最もよく知り、世界で最も経済的に成功した社会の歴史的経験と、現代の開発実務とは一致せず、むしろ矛盾しているという結論に達したのである。開発の専門家たちは、実際の経験から学ぶのではなく、貧しい国々に、実際にはどこにも存在しなかった西洋の財産権システムを想像し、理想化したものを採用するよう促している。私にはそのように思われた。

　私は、この不一致が、財産権の本質に対する経済学者の異なる理解から生じているのではないかと考え、経済発展の理論をより詳しく調べてみることにした。私は、アメリカの財産権の講義で定番である、ハロルド・デムセッツ（Harold Demsetz）の山岳インディアン（Montagne Indian）の物語から始めた。しかし、デムセッツをより注意深く読んでも、謎はさらに深まった。なぜなら、山岳インディアンの物語の教訓は、財産権を守ることではなく、変えることの必要性だからだ。私は、次に、デムセッツが属するより大きな経済理論、新制度派経済学、特にダグラス・ノース（Douglass North）の研究に移った。しかし、ノースもまた静止状態ではなく、変化を重視しているため、事態は解明されるどころか、謎は深まるばかりであった。さらに、ノースは、一連の財産権の政治的偶発性を力強く指摘し、開発レトリックのもう一つの定番である非政治的で独立した裁判所の必要性、つまり、しばしば法の支配システムと呼ばれたものに疑問を投げかけている。アメリカのコモン・ローの裁判所は決して非政治的ではなかったので、私は、現在の開発レトリックと実践の法的側面が別世界のものであることに改めて衝撃を受け、実務と経験の間だけではなく、実務と経済理論の間にもギャップがあることを認識したのである。

　本書は、この矛盾を私なりに理解しようとした成果である。

著者　フランク・K・アッパム

謝辞

　本書の研究および執筆は、ニューヨーク大学ロースクールのFilomen D'Agostino and Max E. Greenberg Research Fund と、財産法における Wilf Family Chair の寄贈による支援を受けて行われました。また、本書で取り上げたトピックの一つまたはそれ以上について研究してくれた数多くの学生たちにも感謝しています。特に、越元瑞樹（Mizuki Koshimoto）、Leah Trzcinski、Gabriele Wadlig の3人に感謝したいと思います。それぞれが、この本になくてはならない存在でした。

　また、ニューヨーク大学やその他の大学の同僚たち、そして、私の考えを批判的でありながら支持してくれる聴衆の前で発表したいくつかのワークショップの参加者からも、計り知れない恩恵を受けました。特に、神戸大学大学院国際協力研究科の金子由芳（Yuka Kaneko）教授に感謝しています。この原稿の一部または全部を読んでくださった方々、Daniel Fitzpatrick, Jedidiah Kroncke, Natalie Lichtenstein, Lance Liebman, William Nelson, Shitong Qiao, Michael Trebilcock, David Trubek, Katrina Wyman、特に友人でありプロボノエディターの Rob Evans に感謝しています。

1章

序章

　本書は、開発における財産法の役割について述べたものである。本書は、経済成長には法的財産権が必要であるという、常在化しほとんど疑問視されていない主張に挑戦し、この見解は不完全であり、誤解を招くものであり、危険であると論じている。それが不完全なのは、経済成長は財産権なしでも起こりうるし、実際に起こっているからである。また、それが誤解を招きやすいのは、財産権それ自体が必ず経済成長に貢献すると示唆しているが、実際には、成長における財産権の役割は、周囲の社会的、政治的、技術的文脈に左右されるからである。それが危険であるのは、財産権の複雑さを認識しなければ、世界の最貧困層を貧困から脱却させようとする政策立案者は、過ちを犯すであろうからである。

　法的財産権への信頼は、新制度派経済学（neo-institutional economics）、特にロナルド・コース（Ronald Coase）、ハロルド・デムセッツ（Harold Demsetz）、ダグラス・ノース（Douglass North）の研究から生まれ、生産的投資と交換には一定の社会構造が必要であることを強調したものであった。彼らは、多くの法学者と同様に、必要とされる制度の種類を幅広く捉えていた[1]。彼らは慣習や地域社会の規範も明示的に取り入れたが、しかし後に理論を政策に転換していった実務家たちは、法的システムの実定的な制度、つまり、法令や司法判断に基づき形成され、裁判所や立法・司法に基づくその他の機関によって定義され、修正され、執行される法的権利に焦点を絞り込んだ[2]。そうすることで、これらの政策立案者は初期の広範なアプローチを無視し、基本理論を歪めてしまった。それにも拘らず、法の支配のレトリックに支えられて、実定的な規範と制度の焦点化は、1980年代以降、至るところで定着したのである。それは法改革に何億ドルも費やすことを政策的に正

1　Ronald H. Coase, "The Problem of Social Cost," *Journal of Law & Economics* 3（1960）: 1 頁、Harold Demsetz, "Toward a Theory of Property Rights," *The American Economic Review* 57（1967）347 頁、Douglass North, *Institutions, Institutional Change and Economic Performance*（Cambridge: Cambridge University Press, 1981）、 及 び Douglass North, *Structure and Change in Economic History*（New York: Norton, 1990）をそれぞれ参照。法学者が広範な制度にアプローチしている注目すべき例として、Robert C. Ellickson, *Order without Law: How Neighbors Settle Disputes*,（Cambridge: Harvard University Press, 1994）及 び Michael Trebilcock, "Communal Property Rights: The Papua New Guinean Experience," University of Toronto Law Journal 34（1984）: 377 頁。
2　世界銀行の法司法改革プラクティスグループのチーフカウンセルによる以下のようなレトリックが典型的である：「自由で強固な市場は、個人の自由と財産権が尊重され、そうした権利の侵害に対する救済が公正で公平な裁判所で得られる場合にのみ繁栄しうる …。」Maria Dakolias, "A Strategy for Judicial Reform: The Experience in Latin America," *Virginia Journal of International Law* 36（1995-1996）:167 頁 , 168 頁。

当化し、また世界中で開発援助に携わるあらゆる政治的立場の機関や非政府組織
（NGOs）が行う助言活動の知的基盤を形成してきたのである。このような投資は、
無駄になっただけでなく、結果として、既存の財産権体系を不安定にし、社会の
状態をより悪化させることも少なくない[3]。

　本書は、この理論的かつ政策的な失敗について、16世紀のイギリスから21世
紀のカンボジアに及ぶ諸社会の経験の検証を通じて、検討する。目的は、財産権
の重要性を否定することではなく、歴史を通じて財産権の社会的役割に関する理
解を深めることにある。つまり、財産権をいかに概念化するか、多様な文化におい
て財産権がいかに創造され、運用され、操作され、また解体されてきたか、そし
て開発実務者がいかに実定的な法的権利としての財産権に固執し、我々を迷わせ
得るか、をより良く理解することにある。

　彼らの固執は理解できる。一見不透明で非効率的な貧困国の社会構造を明確
な法的ルールや制度に置き換えることで、開発途上国の社会を外から形成する作
業は、依然容易ではないにせよ、少なくとももっともらしいものにすることができる。
もし、安全な法的権利が主に実定的なシステムから権利として出現するならば、法
的知識を持つ誰もが理解することができ、専門知識、財源、政治的意思を通じて、
ある社会から別の社会へと移転させることができる。言い換えれば、実定的な法に
焦点を当てることで、社会の複雑さから、デムセッツが述べる取引費用とコースが
述べる交渉の魅惑的な優美さへと、視線を心地よく移行させることができる。

　問題は、当然ながら、デムセッツ、コース及びノースが認めているように、経験
則上の現実は複雑であり、財産に関する社会的経験は、我々が企図する優美さに
合致することはほとんどないことである。むしろ、これから述べるように、財産権を
強力に行使することは、ある状況下では、急速な経済成長を促進するどころか、む
しろ妨げることになりかねず、また、グローバルな専門知識によるベスト・プラクティ
スは、ローカルな状況に遭遇したとき、しばしば失敗することになる。社会科学者
の夢を叶えられないこと自体はそれほど悪いことではないが、それ以上に危ういこと
がある。貧しい国の表面的には混沌とした規範を、首尾一貫した、透明でオープ
ンな体系に変える努力は、しばしばベスト・プラクティスの専門家には見えない既存
の社会的取り決めを破壊してしまうのである。そこに残るのは、先進国の実務の複
製ではあり得ず、むしろ、古いものと新しいもの、ボトムアップとトップダウン、海外
と国内の規範構造の混合であり、社会的進歩や経済成長を実現できないことがあ

3　Daniel Fitzpatrick "Evolution and Chaos in Property Rights Systems: The Third World Tragedy of Contested Access" Yale Law Journal 115（2006）:996 頁を参照。

まりにも多いのだ。

私の主張の核心は、2つの単純な前提にある。第一に、特定の時間と場所における経済生産の水準は、利用可能な技術とその利用に対するインセンティブに依存するということ、第二に、政治的に強力な人々は、自らの利益にとって最も価値のある社会構造を保持しようとする傾向があるということである。過去数世紀にわたり、このような保護のパラダイムを成す手段の典型は、現状を維持するために設計された財産権を持つ実定的な法制度であり、それは安定性が目的であるかぎりにおいて全く反論の余地のないものであった。しかし、ひとたび急速な成長が目標になると、根本的な変革が必要となり、特に必然的な敗者が財産権によって利益を守ることができる場合、その変革が容易であることは稀である[4]。結局のところ、財産権が他の法的権利と異なるのは、所有者に資源に対する権力を与え、その資源は他の関連する社会的価値を考慮することなく強制することができることである。そして、それは、理論的には敗者を救済するために再分配することができるところの、富の問題ではない。現状維持への愛着は、その物質的な便益だけでは終わらない。カール・マルクス（Karl Marx）からヨーゼフ・シュンペーター（Joseph Schumpeter）、ダグラス・ノースに至るまで、資本主義の観察者たちは、社会的に有益な変化に抵抗するエリートの傾向を長い間認識してきた。カール・ポランニー（Karl Polanyi）が言うように、「ある階級の利益は、地位と階級、地位と安定性に最も直接的に関連しており、つまり、それらは主として経済的ではなく社会的である」[5]。つまり、完全な交渉が不可能であることだけが、既存の財産権の構造における有益な変化を妨げるのではない。政治的権力と社会的地位を維持したいという願望もまた［その変化を妨げるのである］。

したがって、平時の財産権の解体は、通常、漸進的で、単純なことは殆どなく、事実上常に難解なレトリックで覆われてきたことは驚くにはあたらない。それにもかかわらず、この解体は、歴史を通して進行してきた。解体は、時に、規範の変化に対応し、寄与することもあった。第4章では、第二次世界大戦後の民主主義を構築するため、日本の地主の財産権と社会的地位が撤廃されたことを検証している。しかし、財産権は、開発教学が経済成長をもたらすために依拠するよう我々に促す制度そのものであることからして、経済的な理由による財産権の解体が、我々

4　ロナルド・コース自身、膨大な取引費用が自発的交換と政治的交渉の両方をしばしば圧倒することを認識していた。2003年4月1日にシカゴ大学で行われたロナルド・コースによる第17回 annual Coase Lecture の37分から43分までを参照、www.law.uchicago.edu/video/coase040103 で入手可能。

5　Karl Polanyi,*The Great Transformation*（New York: Rineholt, 1957), 153 頁。イデオロギーの重要性と、資本主義によって間違いなく引き起こされるイデオロギー的疎外に関するマルクス、シュンペーター、ポランニーの議論は、前掲 North, *Structure and Change*, 180-4 頁を参照。

の関心事としてはより中心的なものとなる。そこで、第3章、第5章、第6章のケーススタディでは、財産権の解体が起こった4つの事例を検証していく。すなわち、16世紀のイギリスにおいて、モノカルチャー（単一栽培）と牧羊を可能にするため、領主の土地に立ち入る村民の権利が廃止された事例。19世紀のアメリカにおいて、工業化に対応するため、農民がきれいな水を得る権利が奪われた事例。20世紀後半の中国において、市場生産を推進するため、村人達の共同体的生産の配分が廃止された事例。21世紀のカンボジアにおいて、より商業的に生産性の高い大規模開発への道を開くため、零細農民や小規模企業家が収奪された事例である。

　これらの物語は、いずれも、経済成長の道徳的、政治的、社会的コストについて重要な問題を提起しているが、こうした変化を正当化する同時代の政治的レトリックも、またそれを分析する後続の研究も、財産権が解体されたことを認識するものはほとんどない[6]。デムセッツは、伝説ともいうべき彼の1967年の山岳インディアン（Montagne Indian）の共同狩猟場の個的私有化に関する記述の中で、個的に私有化された権利の「出現」と「発展」について述べている[7]。より最近では、ダロン・アセモグル（Daron Acemoglu）とジェイムス・ロビンソン（James Robinson）が、1688年のイギリスの名誉革命以降、「古風な形の財産権」が「合理化」されたことを賞賛している[8]。彼らは、既存の財産権やその所有者がどうなったかについては、一切触れていない。それどころか、アセモグルとロビンソンは、財産権の「合理化」または「再編成」を賞賛するのと全く同じ段落で、財産権の「堅固な執行」あるいは「強化」を賞賛するように語っているのである[9]。それは、まるで、これらの新しい「合理的な」権利が、政治的な行動なしに、既存の利害関係に影響を与えずに、自然に現れるかのようである。あるいは、同様にありえないことだが、まるで、社会が社会的な純利益を増進するように、旧体制の受益者たちが「古風な」法的権利と、それらが象徴する政治的権力、社会的地位、経済的損失を、鷹揚に譲り渡すかのようである。

　財産権の解体について語ることが一貫して避けられてきたのは、決して見過ごしではない。偽善、詭弁、婉曲は、急速な経済成長という痛みを道徳的・政治的に正当化するために不可欠かつ必要な装置なのだ。本書が探究しようとする財産権

6　その過程が全く注目されてこなかったわけではない。例えば、Stuart Banner, "Transitions Between Property Regimes," *Journal of Legal Studies* 31 (2002): S359 を参照。
7　前掲 Demsetz, "Theory," 350 頁。
8　Daron Acemoglu and James Robinson, *Why Nations Fail: The Origins of Power, Prosperity, and Poverty* (New York: Random House, 2012), 102–3 頁。
9　同上 198-9 頁。

の変化は、どれも防がれることがなかった。イギリスの畑は囲い込まれ、アメリカの小川はせき止められ汚染され、日本の地主は土地を奪われ歴史のゴミ箱に送られ、中国の共同体のメンバーは市場に向けて生産するか飢えるか自由選択を任され、カンボジアの村人は自給自足の農民から農業労働者へと変貌を余儀なくされている。どの変化も、自分たちの利益を守る政治力を持たない多数の人々が、安定した生活への期待を裏切られ、痛みをもたらした[10]。しかし、どの変化も、生産性の向上や民主主義の深化、社会福祉の純増のいずれかにつながったのである（カンボジアで進行中のプロセスを例外とする）。

　今日、貧困国において同様のプロセスが起きているあるいは起きるはずである。社会科学研究の一つの役割は、純然たる利益をもたらす変化を、可能な限り迅速、効率的、かつ公正に理解し、記述し、それらの成功例から一般化することであるが、残念ながら、根本的な社会変化と、それに伴い促進する法的構造の変革は、簡単で単純なものであることは稀である。それぞれの事例は異なっており、私たちの理解は、特に開発の文脈においては、ある社会から次の社会へと容易に移行できる技術的な修正を求める自然な傾向によって複雑になっている。しかし、このようなベスト・プラクティスの追求は、少なくとも現場で安全装置としての政策を提供するという意味では、無駄なことである。人間社会はあまりにも複雑であるが、広範な社会問題に対して一元的な説明を見出すことが不可能であるからといって、過去に経験したことを理解することが、未来に対処するために重要でなくなることはない。本書は、様々な社会の成長と開発 において財産権が果たしてきた様々な役割を検証することで、その理解を深めようとするものである。これから述べるように、財産権は、多様な形で、変化のプロセスを遅らせたり、正統化したり、変化の担い手として機能したり、その3つを同時に行ったり、時には事実上全く役割を果たさなかったりしてきた。

　開発における財産権の役割は複雑で矛盾しているため、私の用語の定義、そして、私が何を主張していないかに注意することが重要である。私が批判する法改

10　中国の改革に伴う圧倒的な生産性の向上は、市場経済での生産に適さない人々への影響を見過ごすことになりかねない。この調整の難しさは、1970年代後半から1980年代前半にかけて、改革文学と呼ばれるポスト毛沢東文学のジャンルを生み出した。[この文学は]富と個人の自由の拡大を認めながらも、弱者の物質的な安全が失われ、社会全体に規範的な影響が及ぶことを強調した。そのような小説の一つ、「ルーの子孫（The Descendants of Lu）」の冒頭の描写を抜粋すると、以下のように描かれている。
小大工が自分の大工工房を開くのは、集団工房の崩壊が前提であり、それは万人にとっての解放を意味しない。労働力が弱く、大家族を養わなければならないフー・クアン（Fu Kuan）にとって、これは災難である。ましてや、相互扶助と平等という伝統的な倫理、社会主義的な倫理に危機をもたらすものである。
Jun Xie,"The Wild Individual: Politics and Aesthetics of Realism in Post-Mao China" (PhD dissertation, New York University, 2016), 216頁。国有企業の民営化がもたらす同様の効果は、張猛（Zhang Meng）の映画「鋼のピアノ（Gang de Qin）（英題：The Piano in a Factory）」でドラマチックに捉えられている。

革実務者と同様に、私は、財産権を法的権原と定義し、ノースらが含む政治的、社会的、イデオロギー的構造を除外している。私は、個々の農民であれ多国籍企業であれ、人間が時間、労働、資本を費やす前に、公式または非公式に、投資に見合うだけの利益を得られる保証を求めることを否定しているわけではない。私は、トップダウンで外から押し付けられた実定化が成長をもたらす可能性を否定するものではない。北米やオーストラリアの先住民がヨーロッパ人入植者の財産制度によって土地を奪われたことはその一例であり、第6章で紹介するカンボジアの既存の土地上の権利が世界銀行によって作られた新しい土地法で置き換えられたこともその一つであろう。

したがって、私が言いたいのは、このような成長が、富の総量の観点からは決して望ましくないということではなく、ただ単に、それがほとんど避けがたく必ず既存の社会構造を排除することになるということである。また、財産権が、たとえ司法的に強制力のあるルールとして狭義に定義されたものであっても、経済成長にとってしか望ましい効果はないと主張するつもりもない。実際、開発の基礎のひとつは、成長とは対照的に、変化の時期を経た後に安定した財産権を再創造することである。20世紀末の中国や現代のカンボジアのように、急速な成長を切望している国でも、財産権は社会正義の達成に重要な役割を果たすことができる。しかし、この後の章で述べるように、財産権は、繁栄と進歩に寄与する構造的変化の障害となることもあるのだ。

本書の構成

第2章では、コース、デムセッツ、ノースらによって創設された新制度派経済学の出現をたどることによって、後続のケース・スタディのための舞台を整えている。この章は、社会が規範的、技術的な機会や脅威に直面したときには制度的な変化が必要であるという、遵守するよりも違反する際に尊重されることの多い、彼らの最も基本的な洞察を前景化するものである。また、この章は、これらの経済学者たちが、財産の創出、維持、変更について、実定的な手段だけでなく非実定的な手段も認識していたこと、そして、権原の保護は、法律や訴訟だけでなく、社会規範、コミュニティの慣習、政治的交渉によっても可能であることを理解していたことを強調する。この章はさらに、制度への関心が、デムセッツやノースから開発経済学に、また一般的についにはグローバルな法改革者に受け継がれるにつれて、インセンティブの構造を調整する必要性（婉曲的な表現を避けるために私は財産権の解体と呼

んでいる）の認識、そして、その解体における法的・非法的メカニズムの重要性の認識が、ほとんど消滅したことを示す。

　第3章では、第2章の理論的背景のもと、時間的・空間的に異なる二つの社会が、市場の機会に対応して既存の財産権をどのように調整したかについて述べている。この章は、3世紀以上にわたるイングランドの囲い込み運動による村人の財産権の緩やかな解体と、19世紀におけるアメリカの農民の清潔な水を得る権利の狭小化について検証している。イングランドでは、領主がまず法制度を使って村人たちを収奪し、次に法的レトリックを使ってその結果を正統化した。しかし、囲い込みが法制史において象徴的なのは、平民の側が同じ法制度を使ってそのプロセスを遅らせ、時には挫折させ、最終的に数世紀にわたって引き伸ばしたことである。強者が弱者を抑圧するために法を利用できたことが重要なのではなく、弱者が抵抗するために法を利用できたことが、近代法のみならず、民主主義の発展そのものへの最初の一歩とされてきたのである[11]。アメリカの例では、法は、強者による弱者の収奪を遅らせる代わりに、新興の産業界が支配的な農民階級の財産権を破壊するメカニズムになった。どちらのケースも、ポランニーの言葉を借りれば、「金持ちの貧乏人に対する革命」であった[12]。どちらの場合も、法的権利の解体によって、新しい技術が市場機会を得ることができたのである。

　第4章では、これとは全く逆のケース、第二次世界大戦後の日本における土地改革を取り上げる。ここでは、改革によって農村のエリートから土地が取り上げられ、その小作人に与えられた。この変化を推進したのは、市場原理ではなく政治であった。土地改革自体も、それ以来小規模な独立家族農家を維持してきた農業政策も、農業の効率と生産を高めるために考案されたものではなく、この点では何ら驚くことはない。日本の農業政策は、誰も、とりわけ日本の消費者を豊かにしていないのである。したがって、これら3つのケーススタディをつなぐのは、法改正の政治的方向性でも、法と市場機会の関係でもなく、社会変革のために財産権を解体するための法の操作である。

　第5章では、改革後の中国という全く異なるケースを取り上げ、実定的な財産権がなくても経済成長は可能であることを実証している。中国は、30年以上にわたって「中国的特色を持つ法の支配」を構築してきたが、実定的な法制度は、経済

11　例えば、Barrington Moore, Jr., Social Origins of Dictatorship and Democracy: Lord and Peasant in the Making of the Modern World（New York: Beacon, 1967）; E. P. Thompson, The Making of the English Working Class（New York: Vintage, 1963）を参照。また、囲い込みの長期的な政治的影響については、前掲 Polanyi, *Great Transformation* 参照。

12　前掲 Polanyi, *Great Transformation,* 35 頁。

成長が要求する投資の安全性を提供するという従来の役割をほとんど果たしておら
ず、おそらく成長を刺激し促進した財産配分の変化を正統化する役割もほとんど果
たしていない。しかし、中国は、ほとんどの経済学者や開発専門家が実定的な法
制度なくしては発展・機能し得ないと主張しているような、まさに活気に満ちた、深く、
広い市場を、ほとんど実定法制度の存在なしに作り上げたのである。

　中国の見事な成功は、従来の常識に真っ向から反するものであったが、第6章
で語られるカンボジアの土地法改革が示すように、法と開発の専門家はこれをほと
んど無視してきた。この章では、それぞれプノンペンの一等地の不動産と遠隔地の
農地を対象とした、ボンコック湖の不動産開発とコッコン砂糖プランテーションの創
設という二つのプロジェクトを検証している。いずれの場合も、外国人専門家による
入念な、ベスト・プラクティス的な計画と管理にもかかわらず、土地に対する住民の
長年の権利は無視され、より強力で表向き生産性の高い使用者への土地の譲渡を
促進するために法令の文言は操作された。この章が示すように、土地法の実施は、
その起草者の夢を実現するものではなかったが、それでも、より広範な理念として
の開発ではないにせよ、経済成長を加速させたとは言えるかもしれない。

２つのレッスン

　ケーススタディで証明できることは限られている一方、定量的な手法やランキング
は、その根拠となるデータに欠陥があったり、存在しなかったり、結果として得られ
るモデルが曖昧であったり、誤解を招いたりすることが分かっているものの、多くの
ことを証明しているように見えることがある[13]。もちろん、世界銀行やUSAID（アメ
リカ国際開発庁）の職員が２つの融資先候補のどちらかを選ぼうとする場合、意
思決定に役立つ情報とそれを正当化する権限の両方が必要である。定量的手法
が生み出す数字はその両方を生み出すように見えるが、ケーススタディは前者のみ
である。しかし、ケーススタディは、普遍的な真理を単純化しすぎたり、当然視し

---

[13] Daniel Kaufmann et al., Governance Matters, 21 (World Bank Institute, Policy Research Working Paper No. 2196, 1999)、Frank K. Upham, "From Demsetz to Deng: Speculations on the Implications of Chinese Growth for Law and Development Theory," Journal of International Law and Politics 41 (2009): 551–602 頁, 558–9 頁の議論を参照。さらに、Daniel Berkowitz, Katharina Pistor, and Jean-Francois Richard, "Economic development, legality, and the transplant effect," European Economic Review 47.1 (2003): 165–95 頁を参照。明らかに不完全で不正確なモデルの使用に対する、正当化とは言えないまでも、言い訳としては、Paul Krugman, "The Fall and Rise of Development Economics," http://web.mit.edu/krugman/ www/dishpan.html を参照。「問題は、モデルに代わるものがないことだ。我々は皆、いつも単純化されたモデルで考える。洗練されたやり方は、やめるふりをすることではなく、自意識過剰になること、すなわち、自分のモデルが現実ではなく地図であることを自覚することである。」

たりするのではなく、それを分解し、複雑化する必要がある場合に理想的である。本書は、第7章で、まさにそれを実践することによって結論づけを行う。

　本書は、コース『社会的費用の問題（The Problem of Social Cost）』やデムセッツ『財産権理論について（Toward a Theory of Property Rights）』に見られるような、社会構造に関する一般的で抽象的な洞察を提供するものではない。むしろ、ケーススタディの比較や歴史的なデータを用いて、変化する社会における財産と財産権の役割について実生活の理解を深めていくものである。5つの異なるコンテクストにおける実定的な法制度の実際の役割の検証から、2つの重要な教訓が浮かび上がってくる。第一に、実定的な財産権は、世界銀行の文献やエルナンド・デソト（Hernando de Soto）の『他の道（The Other Path）』で描かれているような、単純明快な経済開発の推進役ではないということである。それどころか、財産権の性質は非常に複雑であり、近年の歴史において様々な社会的、政治的、経済的機能を担ってきた。その執行は、経済成長を遅らせ、政治的発展を促すこともあった。その解体は、成長を促進し、政府による収奪を正統化することもあった。それは強者を優遇したが、弱者にとっての調整の痛みを軽減した。そして、場合によっては、事実上全く役割を果たさなかった。より深い教訓としては、特定の事例における財産権の役割の一般化は間違いである可能性が高いだけでなく、より重要なこととして、予想外の望ましくない結果を生む可能性があるということである。

　第二の重要な教訓は、財産法を超えて、より一般的な「法の支配運動」にまで及ぶものである。すなわち、法改革は、常に政治的であるということである。現代の法と開発実務を動かしているのは、理論的な確実性と、技術的知識の客観性と合理性に対するナイーブな信頼である。しかし、衛星による地籍調査に基づいてコンピュータ化された土地登記簿が、例えばオーストラリアと同じ土地市場をカンボジアに生み出すという信念は、人間の経験則にそぐわない。このようなユートピア的な考えから、法の支配を唱える人々はあまりにもしばしば実定的な法制度を、開発途上の社会が経済資産を効果的に創出・保護し、市場を規制し、紛争を解決し、生産的交流を促進するための唯一の手段として扱ってしまうのである。その結果、成功する見込みのないところで第一世界の法制度を確立するために、そして経済成長と政治的進歩という複雑な課題により適しているであろう既存の規範的秩序を置き換えるために、莫大な時間、資金、専門知識が浪費されている。言い換えれば、法制度に対するわれわれの夢を普遍的な願望として収斂するよりも、成長と開発における法の歴史的役割の雑多で満足の行かない多様性や複雑性と向き合う意志が必要なのである。そうすることで、法改革に関する「すべてに対応するものは

ない（one size does not fit all）」という決まり文句に深みを与え、今後、貧困国の
ための政策を検討する際に注意を喚起することができるのである。

2章

物理学的な羨望
―開発理論における財産権

　開発経済学の歴史は、第二次世界大戦の終結とともに開始した。冷戦に伴う、多数の新たな独立諸国の登場と、それら諸国の政治的・軍事的な忠実を獲得するという喫緊の必要性が、西洋の経済学者らを震撼させた。それまでは、経済学者らは西洋諸国間の市場の均衡性に関心を集中しており、貧困諸国を豊かにするという、現代の私達が想定する成長の問題には無頓着であった。先進諸国の経済学者らは、ある開発経済学の教科書が表現するところによれば、「近代的な経済構造の実質的欠落によって特徴づけられるような農村を中心とする社会における経済成長過程を分析するための、直ちに使用可能な概念装置を有していなかった」[1]。しかも彼らは、貧困諸国についての何らの知識、データ、経験を有していなかった。彼らが有していたのは先進世界の経済史に関する自らの経験と精通のみであって、そのような背景が、世界の他の地域に対する彼らアプローチを支配したのであった。

新制度派経済学の勃興

　経済学者らの念頭に最も強くあったのは、その時期の2つの急速な経済成長の実例であった。スターリン率いるソビエト連邦の工業化路線、そしてマーシャル・プランである。両者とも、国家の直接的介入によって促進された、加速化された資本集中によるものと解されていた[2]。スターリンは、強制的な貯蓄を地方部門から産業分野に移転し、マーシャル・プランは、アメリカから得た資本と技術を戦後のヨーロッパに移転した。西洋の経済学者らはまた一様に、農村型社会から産業社会への

1　Michael P. Todaro and Stephen C. Smith, *Economic Development* (London: Pearson Ninth Edition, 2006), 104 頁。たしかに、経済成長それ自体が比較的新しい。経済学者の教科書である James M. Cypher and James L. Dietz, *The Process of Economic Development* (London: Routledge, 1997), 67 頁では以下のように述べている。「人類史について知られている多くによれば、人口と全体的な生産量は同じ比率で成長するので、人口当たり所得はおおよそ一定に維持される」。ウィリアム・イースタリーは、開発経済学という概念が登場したとされる日は、それ以前の可能性もあるとしつつも、ハリー・トルーマン大統領による次のような 1949 年の就任演説であったと主張する：
　「われわれは、開発の遅れた地域の改善と成長に資する科学の進歩と工業的促進による便益を生み出すため、大胆な新規のプログラムを開始せねばならない。・・・世界の半数以上の日飛び地が悲惨というほかない状況で生きている。・・・歴史においてはじめて、人類は今、そのような人々の苦しみを和らげるための知識と技能を手にする」William Easterly, *The Tyranny of Experts* (New York: Basic Books, 2012) 43 頁。また「現代の成長理論」の進化についての検討として、Robert J. Barro and Xavier Sala-i-Martin, *Economic Growth* (New York: McGraw-Hill, 1995), 9–13 頁参照。

転換を伴った母国の歴史を有していた。新興の開発途上諸国が、それと異なる必要があろうか？　さらにこうした単純な考え方の原動力となったのは、ものごとの細部・曖昧さ・差異よりも、エレガンス・確実性・普遍性を尊ぶ、経済学という学問分野の性向であろう。もし、新興諸国の多様性に注目が向いていたならば、ことは人類学者に託されていたと思われる。その間、経済学者は、各国の特殊性を越えた、開発の普遍的な要件を発見し、精緻化し、普及しえたことであろう。

　こうした学界の状況から近代化理論が登場し、1980年代にかけて、アメリカの対外援助政策を支配していくこととなった。とくに影響力があり、1960年代のケネディ政権やジョンソン政権で明確に表れたのが、ウォルター・W・ロストウ（Walter W. Rostow）の発展段階説（stages-of-growth model for development）であり、それは開発（development）という単線的な観念を、投資と成長の機械的関係に関する信念と結び付けたものであった。ロストウは、適当な水準の貯蓄と投資を動員できた諸国ならば全て、ヨーロッパや北米の経済史を性格づけたと同様の発展段階に沿って、伝統的な自給自足型経済から、「離陸」（take-off）と高度成長を経て、大量消費に特徴づけられる社会へと到達する道を進む、と論じた[3]。離陸の条件を創出し経済を導くために国家の強い介入が必要であるが、ただロストウも、またアーサー・ルイス（W. Arthur Lewis）やポール・プレビッシュ（Raul Prebisch）やアルバート・ハーシュマン（Albert Hirschman）など同時代の他の主導的な開発経済学者らも、国家が国内また国際的な市場を否定するのではなく、管理するかぎりにおいて、あらゆる経済が最終的に先進世界にキャッチアップしうるとした。

　その収斂の速度は、投資の量により、またハロッド・ドーマー（Harrod-Domar）の成長モデルとして知られる[4]、資本蓄積と成長との直接的な経済的関係を規定する経済学の数式により、決定づけられる。ある国が投資活動をより多く行なうほど、ある段階から次の段階への移行がより速まるとされた。この処方箋は、資本蓄積の総和の増大という条件さえ整えられれば、つまり素人的な言いかたをすれば資金さ

2　マーシャル・プランが主に資本に関するものであったと、必ずしも全ての経済学者が解釈しているわけではない。Deepak Lal, *Poverty and Progress: Realities and Myths about Global Poverty* (Washington, DC: Cato Institute, 2013), 170頁では、「（マーシャル・プラン）は今日の援助の支持者が主張するように作用したわけではない。死活的だったのは金融ではない。むしろ、制度的な支援、改革に対する信頼性の賦与、民主主義への運動が、二つの世界大戦の主戦場となったのちのヨーロッパを、平和裏に生かしめることができた」としている。
3　そして大量消費である。Chantal Thomas, "Re-Reading Weber in Law and Development: A Critical Intellectual History of 'Good Governance' Reform" (http://scholarship.law.cornell.edu/lsrp_papers) 65–78頁参照。1950年代から1990年代にかけての開発経済学と経済学者の変容の物語は、Dani Rodrik, *The Globalization Paradox: Democracy and the Future of the World Economy* (New York: Norton, 2012) の第8章で辛辣にかつ簡潔に語られている。
4　網羅的ではないとしても楽しめる解説として、Komilla Chadha, *Harrod-Domar Model in 7 mins.* (www.youtube.com/watch?v=2wYpiWk_WTQ) (2013) 参照のこと。

え投下できれば、驚くほどシンプルであった。もしある貧困国が、国内貯蓄か国際的な資本移転によって投資率を引き上げられれば、そしてそれによって生産的な資本蓄積を形成できれば、それに見合った成長が起こるというのである。

　ロストウとハロッド・ドーマーの組み合わせは、大いに魅力的であった。シンプルで、普遍的で、歴史を超越していて、そして楽観的だった。あらゆる国々が、伝統的社会という、同一条件からスタートする。それら諸国はいまや、植民地主義や国際的統制の産物でもなく、地理的条件や文化にも拘束されない。各国の裁判所の質であるとか、明確な財産権制度を有しているか否かを心配する必要もない。どの諸国も、端的に、あらゆる社会がそこから開始したはずの開発以前の段階にある、一群の社会として新たに想定される。発展段階論の方程式に従うかぎり、その収斂の階梯を駆け上がるために必要なものは、資本だけである。すべての諸国経済が同一の政策群に同様に対応するかぎり、それら社会の成功を阻む唯一の問題は「投資ギャップ」である。それは政治的意思によって解決されるべき問題であって、実際、この処方箋に基づき、富裕国から貧困国への大量の金融的・技術的支援が正当化された。

　しかし悲しいかな、この処方箋は成果を挙げなかった。1980年代までには、何十億ドルもの貧困国への資本移転が、多くは無駄であったという認識が生じた。まったく魅力のない独裁者に他ならないエリート層だけが富裕化したが、しかし安定的で広範な成長は、一向に達成されなかった。しかも、1980年代までには、西洋社会の知的・政治的環境にも変化が生じていた。それまでヨーロッパの民主社会主義やケネディやジョンソンらに代表されていた政治的コンセンサスが、ロナルド・レーガン（Ronald Reagan）やマーガレット・サッチャー（Margaret Thatcher）に取って代わられ、またロストウや厚生経済学は、ミルトン・フリードマン（Milton Friedman）やシカゴ経済学派に代替されていた。変化の時代が来ていたのであり、ロストウやハロッド・ドーマーによるトップダウンで国家主導型・資本依存型のモデルが、いまやワシントン・コンセンサス（Washington Consensus）による、ボトムアップで市場中心型の自由至上主義（laissez faire）的な グローバリズムに取って替わられた。

　変わらなかったのは、西洋の（多様な学派の）経済学者らや為政者たちの、世界の貧困問題に彼らこそが回答を出せるという自信である。依然として楽観的、普遍主義的、そしてシンプルに、従来の社会再構築型・市場管理型・資本投下型の処方箋からの反動というべく、ワシントン・コンセンサスは、政府介入を減らし、より自由な市場に依拠することを説いた。「資本投下」から「非干渉」へと方針転換し、

いずこも新古典派の経済自由主義が経済成長へのレシピと化した。近代化理論は今となっては単純に見えるけれども、ワシントン・コンセンサスはより一層単純であって、そして重要なことに、いっそう安価だった。富裕者はもはや貧困者に資本を移転しなくてよく、ただ単に、貧困国が新たに自由市場経済を構築し、貿易投資に対して経済をオープンにすることを手助けするだけでよい。ひとたびこれらの条件が整えば、比較優位によって、価値ある資産は世界の最も生産的なユーザーへと配分され、成長が起こるとされた。

　しかし1990年代までには、こうした単純な解答への確信は傾き出した。ロシアに対して示され信奉もされた「ビッグ・バン」型の民営化政策に見たような、壮大な失敗の数々が、いまや無視しがたい中国の成功とも相まって、知的認識を混乱させ、汎用性（one size fits all）のレトリック（プラクティスとは言わないまでも）を時代遅れのものにしていた。開発経済学が人類学に接近したとまでは言えないが、従来のアプローチにおける普遍性が一般に否定され、貧困諸国は富裕諸国と異なりまた相互にも異なるのだという理解が生じ、国際援助機関の業務において重視されるまでに至っていた。

　残念ながら、歴史・地理・文化といった面での相違は、多くは対処が容易でない。また政治的な相違のように、合法的に介入しうる範疇を越えてしまうものもある。できることはと言えば、貧困諸国のガバナンスを既定する制度の改革であった。21世紀にさしかかるまでには、ロナルド・コース[5]、ハロルド・デムセッツ[6]、ダグラス・ノース[7]らの新制度派経済学が支配的となり、今日における法や財産権を重視に、理論的基礎を提供した。しかしながら、次節で論じるように、経済成長に対する法制度の関連性は、すでに何十年も前から認識されていたことであった。

マックス・ウェーバーと"経済と社会"

　今日、世界各地の法制改革を導いている、法は経済成長の十分条件ではないとしても必要条件であるという根本的発想は、百年近く前に書かれたマックス・ウェー

5　Ronald H. Coase,"The Problem of Social Cost," *Journal of Law & Economics* 3（1960）: 1 頁。

6　Harold Demsetz,"Toward a Theory of Property Rights," *American Economic Review* 57（1967）: 347 頁。

7　Douglass C. North, *Structure and Change in Economic History*（New York: Norton, 1981）、また Douglass C. North, *Institutions, Institutional Change and Economic Performance*（Cambridge: Cambridge University Press, 1990）。またマンサー・オルソン（Mancur Olson）も新制度派経済学に関わる経済学者の一人である。Mancur Olson Jr., "Big Bills Left on the Sidewalk: Why Some Nations Are Rich, and Others Poor," Journal of Economic Perspectives 10（1996）: 3, 22 頁参照。

バーの著書『経済と社会』[8]に由来する。ウェーバーは、法学教育を受けたドイツの社会学者であり、資本主義がなぜヨーロッパで生じ、その他の地域では生じなかったのかの説明に意を砕いた。その考察に当たって彼は、ヨーロッパ社会に特異的であった要因を抽出するために歴史的方法を用いたが、それはヨーロッパに関する知識のみならず、資本主義を形成しなかった他の大文明であるインド・イスラム・中国などの知識をも必要とするものであった。

ウェーバーは著書『プロテスタンティズムの倫理と資本主義の精神』において、ヨーロッパ社会で資本主義を促した二つの特色を明らかにした。法、そして、宗教である。宗教に関するウェーバーの社会学については後述するが、ここでは、ヨーロッパ北部の宗教において職業・起業家精神・富の蓄積に対して与えられてきた神聖な価値が、物質的な利益のみならず精神的満足や個人的な価値実現のために働くよう人々を鼓舞してきたと、彼が主張したことを指摘するだけで十分であろう。われわれの関心事項はむしろ、ヨーロッパ大陸諸国の法制度について彼が指摘した特色、とくに資本主義の勃興に不可欠な要素としての19世紀ドイツ法科学の理論である。

ウェーバーは、資本主義の形成を促したものは、法制度の性質と構造であったと強調し、ルールの内容面ではなかったとする。4つの特色がその中核であった。法制度が政治的管理や宗教的教義から自立していること。法とは人為的に形成されたルール群であって、伝統的ないし神学的な規範ではないこと。裁判がアドホックな事実によってではなく、既存の一般的ルールによって決定されること。そして、ルールが一国の全構成員に普遍的に適用されること。ヨーロッパ法はこれらの全ての側面で傑出しており、それゆえに「論理的に実定的（formal）に合理的である」としたが、その趣旨は内的な一貫性、また宗教的信念や文化的価値や政治的目標等の外部的影響からの独立性であった。

ヨーロッパ法はそのような要因による法的判断を排除することに成功したため、資本主義を育むために必要な予測可能性を提供しうる、自立的なルール体系に依拠した社会を形成し得たと、ウェーバーは結論づけたのであった。ルールが順守されるのは合法的であるがゆえであり、合法的であるのは合理的に形成されたがゆえであって、神学的ないし呪術的であるゆえではない。実定的な法制度が等

8　ドイツ語版 *Wirtschaft und Gesellschaft* として出版され、英訳は GuentherRoth and Claus Wittich, *Economy and Society* (Berkeley: UC Press, 1978)。ウェーバーの貢献についての包括的な検討として、David M. Trubek, "Max Weber on Law and the Rise of Capitalism" (http://digitalcommons.law.yale.edu/fss_papers/4001?utm_source=digitalcommons.law.yale.edu%2Ffss_papers%2F4001&utm_medium=PDF&utm_campaign=PDFCoverPages) 参照。

しく合法的であるのは、それら自体の合理性もあるが、ルールが公然と、宗教や政治などの社会的統制の源泉から切り離され独立した安定的な手続に基づいて、形成され解釈され適用されているためであるとした。その帰結は、人々がその権利義務を知悉し、法的強制が発動される局面を予測でき、法が許容する行動が他のいかなる社会的統制の源泉によっても抑制されないことを確信できるような、予測可能性を重視する法律家にとっての一つのユートピアである。戦後の開発経済学の語彙で表現するならば、ひとたび財産権が配分され、契約が執行されれば、独立の第三者間の取引が可能となり、ロストウの言う離陸の前提条件の一つが満たされた状況、ということになろう。金儲けについての神学的なお墨付きを得て、その余のことは市場に託され、かくしてヨーロッパ資本主義は誕生したのであった。

　ウェーバーの法社会学を漫画的に簡略化するならば、同様である。注意深く検討すれば、3つの問題が、彼の業績を今日の開発の問題に直接適用することを難しくしていることが見えてくる。一つは、彼の法の定義が広いことである。彼の後継者であるデムセッツやノースにもこのことは言えるが、彼は、法とはあらゆる「遵守ないしは違反への制裁のために、一定の人員による物理的また心理的な圧力が行使されることが、外的に確実に保障された秩序」であるとした。伝統的な財産権の定義の側からすれば、ここで欠落しているのは、国家の役割である。逆にここで付加されているのは、法の執行の技術論としての、強制と説得の可能性である。宗教的秩序も、ガール・スカウトの一隊も、週末のサッカー団も、その他あらゆる一定の人員を有する組織も、違反に制裁を下すための共同の意思と資源を動員できるかぎりで、法を有するということになる。同じく重要なのだが、ウェーバーは、ヨーロッパは法を有することにおいて特殊だとは、主張しなかった。すべての大文明は法を有していた。したがって、開発の要件は、法秩序そのものの存否ではないし、資本主義を産みだす国家における法秩序の位置づけでもなく、むしろ国家と社会から潜在的に切り離された、一定の実定的 (formal) な規範的秩序であった。

　第二の限定は、彼の仕事を動機づけている問題の特殊性である。ウェーバーは、ただ一つの歴史的事実を説明しようとしていた。ヨーロッパの資本主義の勃興における、法の役割である。彼は、もしドイツの法科学や司法制度がその他の地域に移植された場合、何が起こりうるかを予見しようとはしていなかった。残念ながら、われわれが本章で後に見るように、開発経済学が財産権理論に惹きつけられているのはひとえにその技術的で非偶発的な性質ゆえであって、その意味ではハロッド・ドーマーの方程式に見る数学や比較優位学説への関心と異ならない。ウェーバー学派における法の計算可能性、そして経済成長を生み出すというその因果関係が、

しかし、ひとたび特殊な宗教的信念や歴史的条件と結び付けられるとき、その効用は格段に減退する。つまり、カンパラの裁判所をコンピューター化するとか、日本民法典のウガンダ版を立法するとかいったことはまだしも可能かもしれないが、ビクトリア湖で漁を営む平均的なウガンダの人々にカルビン派の予定調和説への信仰を受け付けることは、よほど困難である。ある場所でうまく機能したものが他の場所でも機能すると単純に仮定するほうが、あるいはそもそもウェーバー思想の由来など全面的に無視するほうが、よほど容易い。

　第三の、そしてウェーバーの遺産の忘れられがちな側面は、実定的な法的秩序に関する彼の規範的な立場である。法の支配は、いまや世界的に尊重される理念である[9]。中国の地方の一書記官が、中国共産党四中全会に対する司法命令の執行を宗教的理由から拒んだ一件について、喝采を向けようと糾弾しようと、ほとんど全てのアメリカの政治家たちは、あらゆる類の政治悪・社会悪に立ち向かう法の支配を説いている。しかしウェーバーは違った見方をしていた。おそらくそれは彼が、ある特定の法的秩序を想定していたためであり、善なるものの定義をいかなる形態や内容でもよしとしていたわけではなかった。ウェーバーの合法主義 (legalism) は資本主義の生成を助け、そして資本主義は、とくに資源のより生産的な配分を通じて疑いなく社会的便益をもたらしもしたが、しかしウェーバーはけっして効率を、正当性ないし正義に対する論理的で実定的な合理性と、同義にみなすことはなかった。彼の見解はもっと微妙なものであった：

　　　実定的な正義は、利害関係者がその実定的な法的利益を代弁する最大限の自由を保障する。しかし、この実定的な正義のシステムが合法化しているところの経済的権力の不平等な配分ゆえに、まさにこの自由が、しばしば、宗教的倫理や政治的便宜に反する結果をもたらす [10]。

　彼はとくに財産権の問題を俎上に載せていった。「実定的な法的平等」は、「資産家階級に事実上の自治」を賦与する。それは資本家による労働者の支配を正統化する自治である。言い換えれば、合法主義が国家を拘束するように見えながらも実際にはそれを強化していること、また実定的な法的平等がじつは実質的な不平等や不正義を覆い隠していることに我々が気づくとき、法の支配の特色に関するウェーバーの分析は、にわかに精彩を失ってしまうのである。

9　ある解説者は「法の支配が明らかに満場一致で指示されているのは歴史的に類例のない偉業である」と観察している。Brian Tamanaha, *On the Rule of Law: History, Politics, Theory* (Cambridge: Cambridge University Press, 2004), 3 頁参照。
10　前掲 Weber, *Economy and Society* 2, 812 頁参照。

新制度派経済学：コース、デムセッツ、そしてノース

　開発における法の役割に関するウェーバーの洞察は、今日、新制度派経済学とロナルド・コース、ハロルド・デムセッツ、ダグラス・ノースの思想に再び宿りを得ている。彼らの思想の簡約は危険であるが、そのほとんどの議論は、1960年にコースが著書『社会的費用の問題』において、外部性（externalities）なる経済的概念を法的言説の領域へ持ち込み、とくに財産権や契約上の権利に結び付けたことで開始した。彼は、市場経済における政府の中心的機能は、財産権の分配と契約の執行にあるとし、それによって外部性が内部化され、社会的な純効用が最大化するよう、個々人の相互の交渉が可能となるとした。コース自身は、取引がそのような結果を生みうるのは、費用のない架空の取引環境においてであることを繰り返し強調していた。しかし彼のこの警告は、ウェーバーにおけると同様に、複雑な問題に対する単純な解答の波に呑まれ、見失われていった。今日の世界でコースの交渉学といえば、所有権者が財産権の取引において、財産の使用についてのあらゆる便益を享受し、またあらゆる費用を負担するように、契約を用いることだと前提されている。

　さらに絶対的に重要なのは、財産権である。デムセッツの著書『財産権の理論について』は、コースの洞察を、権利に関する言説に統合するものであった。デムセッツは、個的財産権が集団的財産権よりも優れていることを論じるために、ラブラドル地方の山岳インディアンが高騰するビーバーの毛皮の価格にいかに対応しているかという、人類学的な議論を用いた[11]。17世紀のフランス植民者の到来とビーバー取引の商業化より以前、山岳インディアンは狩猟地を集団的に使用していた。つまり集団のすべての成員がどこでも、制限なく、狩猟が可能であった。ビーバーの需要が少なく、その数量も多かったので、個々の狩猟による影響は些細なものであった。しかしひとたびフランス人が到来しビーバーの毛皮を購入し始めると、需要は増大し、過剰な捕獲は集団全体の利益に対して明確な影響を及ぼすようになった。もはや集団的所有権は、共同の土地から得られる金銭収益の適正な分配問題についても、またビーバーの減少問題についても、対応する術がなかった。問題解決のために結局、個々の狩猟地の分配が行われ、狩猟行為の費用は各所有者

11　デムセッツはビーバーの取引が商業化する以前は「土地に対する私的所有権に類似するいかなるものもなかった」と記述しつつ、この変化を、私有化として描いている。前掲 Demsetz, "Toward," 352頁参照。私ならば、この変化を私有化というよりも個人化と性格づけたい。なぜなら、山岳インディアンが彼らコミュニティの狩猟地を他のすべての集団に対して公開されたものと認識していたか、疑いを持つためである。言い換えれば、彼らは、当該係争地を彼らの集団に所属するものと考えていたのではないかと思う。だとすれば既にそれは私有権であって、公有ではなかった。またこの私有化ないし個人化後の保有者は世帯であって、個人でなかったことも特筆される。

に負担させるという内部化に帰結した。

　この山岳インディアンの話は、アメリカのロースクールの生徒たちにとっては古典的な教材であって、1年生向けのほとんどの教科書には、財産権が経済的な帰結を有し、経済成長をもたらすように加工可能な道具であるという考え方を導入するために、その抜粋が掲載されている。デムセッツは、法改革主義者らが、彼らのめざすものが実定的で司法で保障された財産権の普遍的で常識的な価値だという点の理論的な後ろ盾がほしいとき、じつに「頼りになる」理論家である。ただ残念ながら、彼の理論の3つの要素が、貧困諸国における理論から実践への転換過程で、しばしば見落とされてしまっている。そのいずれもが根本的に重要である。

　まず、デムセッツは財産権の便益とコースの交渉理論について、以下の5つの点を条件づけた：

　　1. すべての財産権が配分されていること。
　　2. 財産権の政策的費用はゼロであること。
　　3. 財産権の取引費用はゼロであること。
　　4. すべての財産権の保有者が効用最大化のために行動すること。
　　5. 富の配分状況の変化が需要パターンに影響を与えないこと[12]。

　政策を導く上でのこれら条件群の問題点は、それら全てが同時に揃うことが滅多にない、という点ではない。厳然たる事実は、これら条件が、どれ一つとして、未だかつて達成されたことがない、ということである。財産権の保護や移転に伴う取引費用は、つねに不可避である。富裕層、中間層、貧困層の需要曲線は、つねに異なっている。そして、効用とは計量しうる利得の最大化だと定義づけるとすれば、そのような意味での効用最大化を行う人間などいない。（もちろん、もし効用をもっと広く、要するに自分のしたいようにすることだと定義づければ、誰もが効用最大化を行うと言えるが。）　財産権が配分されていない財を特定するということは、一層難しい。というのは、何が価値ある資産であるかの認識が難しいからであって、社会的信用とか、両親の庇護とか、ネオン広告に妨げられない満月なども、財産権の規律に服することになる可能性はある。規範的な、また技術的な変化はしかし、想像もつかないことを当たり前のものにするかもしれない。在宅育児に社会保障制度を適用するとか、月面にアップル社のロゴを描くとか。デムセッツの理論が通用するためには、そうした新型の財産権をも想定し、財産権制度に統合していく必要が

12　Harold Demsetz, "Some Aspects of Property Rights," *Journal of Law & Economics* 9（1966）: 61 頁，62 頁。

ある。もちろん、取引費用のない世界の実現が不可能であるという指摘は、デムセッツ理論が政策形成にとって大いに有用な指針とはなり得ないと、直ちに意味するものではない。ただ言えることは、彼の世界が、コースのそれと同様に、架空のものであること、我々が現実に運営しているこの「次善」の世界とは非常に異なるものであることが、つねに十分に、認識されなければならないということである。

　彼の理論の次なる忘れられた側面は、定義に関わる問題である。彼の以下のような説明は著名である：

　　財産権とは社会の道具であり、その重大性は、それが、ある人が他者との取引において合理的に保持しうる期待の形成を助ける、という事実に由来する。そうした期待は、社会における法、慣習、習俗に見いだされる [13]。

　デムセッツにとって、それゆえ、財産とは、社会における他者との関係で何ができ、またできないかを個々人に知らしめることによって、社会行動を調整するものである。ウェーバーにおけると同様、そうした行動の制御は、実定的な法のみならず社会慣行や価値基準にも依存する。人は一定の抑制を認識すると、その限界に沿って行動できるし、あるいは実定的で移転可能な権利を購入することで、抑制を避けることもある。また逆に、他者の行動により侵害を受ける局面では、社会の「法、慣習、習俗」は、インフォーマルにあるいは訴訟に訴えて侵害を排除できるか、損害を甘受せざるを得ないか、あるいは行為者に補償を支払って解決しうるかを決定づける。

　デムセッツが実定的な法を、財産権の定義づけと執行の手段とみなしていたことは明らかだが、しかしそのような実定的な法制度についての思索が、彼の仕事の中核ではなかったことも明らかである。著作『財産権の理論について』で彼は、法的過程についてほとんど言及していない。「裁判所」への言及はただ一か所、「政府、裁判所、またはコミュニティのリーダーたち」というフレーズに出てくるのみで、彼にとって実定的な法が社会的な行動統制の単なる一手段でしかなかった、という解釈を強めるものである。そのため、富裕な近隣社会における有力な住民たちは、例えばエイズ・ホスピスや、低賃金住宅や、その他の地域としては望ましくない土地利用（locally undesirable land use: LULU）を阻む法的権利はないけれども、しかし政治や慣習や習俗、またもっと端的にLULUの支持者たちとの取引の費用が、ゾーニング規制に匹敵する効果と予見可能性を発揮して、立地を阻むこともある。

13　前掲 Demsetz,"Toward," 347 頁。

そのような地域社会にはLULUが滅多に立地しないという事実を説明づけるものは、実定的な法ではない。商事関係においても、業界団体の会員には価格カルテルを実行する実定的な法的顕現は有しないが、しかし現実には様々の形態の報復や圧力が効果的に、会員企業を、業界の不文律あるいは明文の違法な合意に取り込んでいる[14]。しかし、デムセッツの広い定義づけからすれば、そうした行動規制のすべてが、一貫性があり安定的であるかぎり、財産権として位置づけられることになる。上記のカルテルの例では、そのような権利に依拠し行使することは刑法違反に該当するに拘わらずである。

　法改革を導くデムセッツの仕事に関する最後の問題は、財産権の形成・修正・移転のプロセスに関する彼の記述がつねに曖昧であること、いや、より正確に言えば、その不在、である。彼は、たとえば山岳インディアンが「どのようにして」狩猟地の個的分割を決定していったのかに言及していない。彼にとって、また他の多くの経済学者にとって、それはあたかもより効率的な財産権がいきなり登場したかのようであり、あたかも、社会的な権原の再配分が、有機的な、ほとんど自然なプロセスであったかに見なされている。「財産権は、外部性に影響された人々にとって、便益と費用を内部化することがより経済的となった際、発生する」のだと[15]。その他の局面では、彼は財産権をまるでそれ自身の意思に委ねているようである。「財産権制度は変化を開始する」のだと[16]。彼はまた、「それらの調整は西洋社会においては多くは社会的習俗や判例法の漸進的変化の結果として起こった」として、人的介在をすっかり捨象する[17]。「慣習や習俗」の一般的変化が個々人の行動を制約していくメカニズム、また一国の司法制度が法の変化を受け入れていくメカニズムは、読者の想像力に委ねられている。

　デムセッツのみならず今日の法改革の推進者にとって、重要な共通項は、紛争の不在、である。勝者はいるが敗者はいない。社会的なレベルでは、いかなる利害衝突も舞台裏に留められている。個人的レベルでは、権利の配分の、そしてそれに伴う経済的な富の変更は、任意の取引として立ち現れる。あるいはより正確には、上記の5つの非現実的な仮設により、交渉の障害となるような取引費用は生じないと仮定されているので、強制を伴う変更は必要ないこととなる。すべての取引は、すべての当事者にとって取引前よりも有利な結果をもたらす。法は変化するかもし

14　そのような「財産権」の執行についての検討として、競争相手の抜け駆けを阻止するための刑法違反のガソリン輸入カルテルの事例について、Frank K. Upham, "The Man Who Would Import: A Cautionary Tale about Bucking the System in Japan," *Journal of Japanese Studies* 17:2（1991）: 323 頁参照。

15　前掲 Demsetz,"Toward," 354 頁。

16　前注 352 頁。

17　前注 350 頁。

れないが、財産権を解体するまでの嫌らしい状況は起こり得ないと前提されている。

　デムセッツは、そのような世界が架空のものであることを知り抜いていた。彼の同僚であるコースに倣って、彼もまた、経済学という領域が彼の想念を徹底的に歪めていると指摘し、嘆いたのである：

　　　現在の公共経済学に大いに浸透している見解は、暗黙のうちに相対的選択を、理想的規範と実際の「不完全な」制度的調整との間での択一の問題としている。このいわば『涅槃』的アプローチは、他の現実的な制度的調整の選択肢との間での相互選択を論じる『比較制度』的アプローチとは、大いに異なっている。(『』はデムセッツ原文による。) [18]

　残念ながら、デムセッツやコースの警告は、国際的な法改革主義者によってほとんど無視された。現実からかけ離れた仮定を置く傾向は加速されるばかりで、経済学者は、財産権の形成・修正・移転において避けられない紛争の側面を無視したまま、その理論的な潜在性にのみ集中したことで、多少の批判を甘受した。しかし最も注目を浴びた新制度派経済学者であるダグラス・ノースは、その轍を踏まなかった。

　コースやデムセッツとは異なり、ノースは、財産権の偶発的な性格を強調する。彼は財産権の市場取引が、ある社会の成長、停滞、あるいは後退を決定づけると肯定しながらも、しかし、効率的な財産権が自ずからいきなり「生起」し、「変化」し、「勃興」し、あるいは「調整」するといった幻想は抱かなかった。彼はむしろ逆に、「財産権を定義づけまた執行するのは政治体制である」、また「政治経済組織は非効率的な財産権を形成してしまう本来的な傾向がある」とする警鐘を発した[19]。効率的な財産権は稀であり、なぜなら国家が、その政治体制を構成する政治経済組織の支配層にとって有利なように、財産権を形成するからである。もし政治経済組織の陣容しだいで、効率的な財産制度が形成されることがあったならば、それは考えうる中で最も楽観的な状況であって、しかしノースも明記しているように、歴史上そのような調整がなされ、持続的な経済成長に帰結した例は

18　Harold Demsetz, "Information and Efficiency: Another Viewpoint," *Journal of Law and Economics* 12:1 (1969), 1 頁参照。

19　ノースは1990年に国家と財産権法の関係を次のように総括した：「効率にとっての条件をほぼ満たすような経済的市場を見出すのは例外的である。」政治的市場となるやそれは不可能である。財産権を定義し執行するのが政治なのであるから、効率的な経済が例外的だというのも挑発ことではない」。North, "The New Institutional Economics and Third World Development," *The New Institutional Economics and Third World Development*, ed. J. Harris et al. (London: Routledge 1995) 17–27 頁、20 頁参照。財産権を含む効率的な制度が、偶発的なものでしかないことを認識していた学者はノースだけではない。例えば、David Kennedy, "Some Caution About Property Rights as a Recipe for Economic Development," Accounting, Economics, and Law 1 (2011): 1 頁参照。

極めて稀であった。

　効率的な財産権の形成と執行にとって中核的なのは、そしてそれゆえ経済的パフォーマンスを決定づけるものは、ノースが制度と呼んだものであり、すなわちウェーバーやデムセッツに追随するようにして、彼が「実定的（formal）なルール、インフォーマルな規範、そしてその両者共通の特徴である執行、から成り立つ」と表現したところのものである[20]。制度の構成要素のなかでも、とくに彼が「心理的モデル」とも「イデオロギー」とも呼んだ、インフォーマルな規範が最も重要である：

> 実定的なルールは一夜にして変更も可能だが、インフォーマルな規範は漸進的にしか変わり得ない。［インフォーマル］な規範こそが、実定的なルール群に本質的な「正統化」を与えるので、革命的変化は実際にはその支持者が希求するほどには革命的ではありえず、パフォーマンスは予測とは異なることだろう[21]。

　ノースはこのように、単に先駆者たちの広範な財産権定義を引き継いだばかりではなく、デムセッツのいう「慣習や習俗」を、政治的な正統化に結び付けているのである。そのような正統化なくしては、開発途上国の裁判所は、外国の専門家が意を砕いた最も効率的な財産権構造すらも、いやおそらくそうした財産権こそ、執行し難いのである。

　国際的アクターたちがいかに新制度派経済学の着想を現実化していったかを見る前に、この学派が財産権についてどのように論じてきたかを、整理しておこう。第一に、財産権とは、制定法や判決やその他の実定的な法的規制と同様に、いや、より以上に、ノースの言うイデオロギーや、デムセッツの言う慣習や習俗に依存する、複雑な社会的構造である。第二に、コースもデムセッツも、財産権が費用・便益の内部化によって効率を達成しうると頻繁に指摘したが、しかしその理念の完全なる実現は、まったく架空である。市場取引が現実に果たしうる最善は、多くの非効率的な選択肢の群れからも最もましなものを拾い出すことでしかない。つまりデムセッツの言う比較制度的アプローチであって、涅槃の追究ではない。

　第三に、実定的な法体系は、本来的に社会的に有益なわけではなく、ましてや効率的とは限らない。むしろ、ノースは、なぜそれが社会全体の利益よりも少数者の利益に奉仕することに終わりやすいのかを説明し、またデムセッツは、たとえわ

20　前掲 North,"*The New Institutional Economics,*" 26 頁。
21　前注。一般的な議論として、前掲 Douglass North, *Structure and Change,* 45–58 頁参照。

れわれが有益な財産権体系を達成し得ても、それはすぐにまた変更されるおそれ
を指摘した。われわれは始終、開発のために「財産権の保全」が重要であると聞
かされるが、しかし非効率的な不用な財産権を保全しても、一部の利益に帰する
だけであり、必要な調整は阻害されよう。

　第四に、開発途上国の貧困は、これら諸国の財産権制度が最適でないことを示
唆しているが、しかし容易かつ迅速な変化は期待しにくい。財産権の『法』は「直
ちに変化」が可能であるが、デムセッツやノースの広義に言う有益な財産権制度
の形成は、背景にある心理的モデルが変化するために、時間を要する。それゆえ、
たとえある体制が、ある法制度について最善のモデルを導入するための資源と意
志を有していても、その実現は、トップダウンの専門性と革新精神に依存するのと
同様に、ボトムアップの受容に依存するであろう。そして最後に、文献ではより効
率的な財産権構造への転換の必要性がつねに繰り返し指摘されているが、そのよ
うなプロセスはつねに冷酷である。新たな権利が登場するとき、既往の権利群は、
そしてそれらの持ち主たちの利益は、解体されるわけではないとされる。新制度派
経済学においては、勝者はいるが、敗者はいないのである。現実生活ではしかし、
両者がいる。

実務における財産権理論：法と開発運動

　さて、法に関する経済理論から目を転じ、第一次また第二次の法と開発運動と
して知られるように、国際援助機関が貧困諸国の法制度改革において現実に実施
してきた政策の問題に移ろう。以下で見るように、この間の法改革は、それ自体を
目的とするものから、市場の効率化を実現するための手段としての改革へと、降格
されてきた。ただこの間を通じて維持されているのは、新制度派経済学の創始者
たちが有していた複雑性や慎重さを拒絶し、定型的な解答を求める態度である。じっ
さい、実定法の効率性に関する現在の信念は、ダグラス・ノースの経済史的な視点
よりも、ウォルター・ロストウの単線的発展やハロッド・ドーマーの投資ギャップを連想
させるものである。

経済学抜きの法と開発

　1960 年代には、資本原理主義、発展段階論、そして冷戦の高揚のもと、アメリ
カの官民のエリートたちは、途上国世界の新興独立諸国の法制度を「近代化する」

営為に乗り出していた。それは単に成長のためではなく、「個人主義的自由を守り、意思決定への市民参加を拡張し、社会的平等を促進し、すべての市民が合理的に事象を統制し社会生活を形づくる力を高める」ための営為であった[22]。今日におけると同様に、途上国世界の法制度の不全は、財産権が保全されないとか契約が執行されないゆえではなく、社会を形づくり離陸を可能にするような堅固な国家に、市民が参加していく道具立てが提供されていないため、と考えられていたのである。目標とされたのは、単なる技術的な失敗（フォーマルな土地権原証書を欠いているとか裁判所が不効率であるといった）の修正ではなく、文化的な変容であった。南北関係における南の諸国の法制度は、「政策的要請に対して硬直的で応答性を欠いている」と見られ、「それゆえ、アメリカの自由主義法学に基づく、実定主義的でない(antiformalist)、政策主体の法のアプローチを輸出することにより、近代化の促進のために経済体制を改めて方向づける道具立てを途上国の官僚たちに与え得ると信じられていた」[23]。

　その時代もそして今日も、2つの仮定がこうした営為を支えている。西洋の法制度が移植可能であること、そしてそのような移植が望ましいこと。その本質においては何も変わっていない。ただ当時の法改革では、目標が技術的失敗の修正よりも法文化の改革に置かれていたので、法学教育から活動が開始されていた。第三世界諸国の法学部は、教学的で実定主義的(formalistic)であると見なされ、アメリカの法学教育を特徴づけると考えられていた「プラグマティックな問題解決」や「政策配慮」型のアプローチに転換させねばならないとされた。そうした一連の営為を紹介する以下の記述は、運動の精神と変革への希求の強さを表している：

> 法学教育改革の達成をめざした諸事業は、1960年代を通じて、アメリカ政府の諸機関やアメリカの諸団体の資金支援を受けて実施された。SAILER (Staffing of African Institutions For Legal Education and Research: アフリカの法学教育研究のための諸機関の人材派遣) 事業は、1962年にフォード財団の支援で開始し、アフリカの法学教育の改善のために、アメリカのロースクール卒業生をアフリカの諸大学に送り込み、教育や研究支援を意図した。この事業はさらにロックフェラー財団および平和部隊 (Peace Corps) の資金支援も獲得した。CEPED (Center For Study and Research in Legal Education: 法学教育に関する学術研究センター) は、1966年にアメリカ国際開発庁とフォード

22　David M. Trubek and Marc Galanter, "Scholars in Self-Estrangement: Some Reflections on the Crisis in Law and Development Studies in the United States," *Wisconsin Law Review* (1974): 1062 頁。

23　Scott Cummings and Louise G. Trubek, "Globalizing Public Interest Law," *UCLA Journal of International Law & Foreign Affairs* 13 (2009) 1 頁, 10 頁。

財団の資金で開始され、ブラジルにおける法学教育の改革を意図した。同センターは、判例・条文その他の法的資料に関するいわゆる「ソクラテス的」問答によるアメリカの教育技術を用いて、ブラジルの法律家を教育することを目的とした。CEPED の設立者らは、ブラジルの若き法律家たちに新たな開発志向の立法知識を授けるばかりでなく、ロースクールのカリキュラムで用いられる教材を作り出し、またそうした教材を活用する法学教師たちを新たに育て上げることにより、最終的にブラジルのロースクールを変えることをめざしたのである[24]。

　このような慈善主義的かつ政府お墨付きの営為が、何を目的にしていたのかは銘記に値する。つまり、第三世界の法制度を、アメリカ流に改良する、という目的である。法学教育はその入り口であって、アメリカ型の法制度を新たに構築するためには単なる初期段階に過ぎなかった。同時代の経済学者と同様、かれら第一世代の法と開発運動の実践者たちは、ラテンアメリカやアフリカの法制度についてほとんど無知であって、ただ自分自身の法制度は、少なくともその理想型についてだけは、知っていた。経済学の徒がマーシャル・プランを、またスターリンの強行的な工業化路線を知っているように、法律家はブラウン判決 (Brown v. The Board) を、1960 年代の公民権運動を、そしてミランダ判決 (Miranda v. Arizona) 以来の刑事手続改革を知っていた。資本の集積と投資はヨーロッパやソ連にとって成果を挙げたように見えたし、一群の献身的な法律家たちは差別的な法を変え、アメリカ社会を変容させていた。今やその変容を、その他の世界にもたらすべき時である。アメリカの最高裁判所判事ウィリアム・ダグラス (William O. Douglas) は、その時代の精神を次のようによく捉えていた：

　　これらの新興の開発途上国は、我々の助けを必要としている。我々の資金や機械や食糧のみならず、我々の先人たちが積み重ねてきた知識という偉大なる資本を、である。…冷蔵庫やラジオは容易に輸出できる、しかし民主的制度はそうではない。観念としての自由 (liberty and freedom) は速く遠く飛び交い伝播するが、しかし特定の社会にそれを適用するには、訓練された、規律正しい、献身的な人々を必要とする。つまり法律家を必要とするのだ[25]。

24　前掲 Trubek and Galanter, "Scholars," 1066 頁。
25　前掲 Trubek and Galanter, "Scholars," 1067–8 頁の脚注 16。布教に熱心なアメリカの弁護士ミッション団は根が深い。とくに中国における百年来の経緯について、Jedidiah J. Kroncke, *The Futility of Law and Development: China and the Dangers of Exporting American Law* (Oxford: Oxford University Press (2016)。

これらの法律家たちが、彼らの変えようとしている特定の社会について何も知らないことは、問題とされなかった。とどのつまり、献身的な法律家がアーカンサス州における差別を撤廃できたのであれば、コンゴ民主共和国に民主主義をもたらすことが、それに比べてどれほど難しいというのか?

　その回答は当然、「大変難しい」であった。その結果は、実践者たちにとって極めて幻滅的なものであった。法と開発運動論の創始者であるデービッド・トゥルーベック（David Trubek）とマーク・ギャランター（Marc Galanter）の二人が、それを雄弁に叙述している:

　　　彼らはしだいに、第三世界の社会における社会経済的条件に、法の変化がほとんど、あるいは全く寄与しないこと、むしろ逆に多くの法の「改革」が不平等を悪化させ、参加を抑制し、個人の自由を制限し、物質的な向上への努力を阻害することを、見出すこととなった[26]。

　最も明らかな教訓は、法曹・実務家たちの有していたナイーブな自民族中心主義であった。しかしそれだけではない。フォード財団やアメリカ国際開発庁（USAID）の開発モデルでは、裁判所や裁判の社会政治的な効力に、多大な信頼が置かれていた。彼らは、実際には、アメリカにおける人種問題や警察実務の改革において、裁判所がかなり実質的な役割を果たしたという経験を有していただけである。彼らが現実に見出したのは、裁判や法の威力は必ずしも世界遍く強力ではないこと、むしろ多くの場合は無関係で、あるいはそれ以上に厄介で、善をもたらすとは限らないという事実であった。換言すれば、彼らが見出したのは、マックス・ウェーバーがはるか以前に語っていたところ、あるいは同時代ではダグラス・ノースが語っていたところの問題である。つまり、法は、少数の権力者層の利益に奉仕する恐れが非常に高いということ、すなわち法は、ある意味、悪しきものであるということである。

　より一層の幻滅が続いていった。トゥルーベックとギャランターが要約している。「法と開発学者たち［および実践者たち］は、もはや援助や学術性の本来的な倫理的価値を、自動的に受け入れることはできないことを悟っていた。ただ彼らは、価値ある何ものかと、そうでないものとを切り分ける、明白な指針を欠いていた」。第一次の法と開発運動はかくして、死を迎えた。しかし、富裕国の法の効力に対する信頼は、そうではなかったのであり、ただしばらくは休止された。

26　前掲 Trubek and Galanter,"Scholars," 1080 頁。

開発経済学による法の発見

　第二次の法と開発運動は、法の支配運動としても知られるが、ダグラス判事の情熱やフォード財団の慈善主義によって生み出されたわけではない。また第三世界の法文化を変えようという試みでもなかった。むしろそれは、世界銀行の法務担当局において生を得たのであり、その目的は、一義的には貧困諸国の市場取引を助け貧困から離脱させるために、法制度の必要な技術的補正を行うことにあった。しかしもちろん、ただそれだけではない。1960 年代の理想主義的な法律家たちが、経済成長は政治的自由化をもたらすと前提していたように、1990 年代の経済学者たちも、市場親和的な法改革による富の形成が、法の支配の民主主義的な価値をもたらすと前提していたのである。しかしその運動は、もはや法律家のゲームではなかった。法律家もなおゲームに参加したのであるが、経済学者が作ったルールに沿って、経済学者の目的のために参加したのである。しかも、それら目的を実現する上での法の役割に関していえば、もはや「実践的な問題解決」や「政策配慮」型の司法は、実定法主義と技術論的熟練に置き換えられてしまった。

　実定法 (formal law) に対する今日のわれわれのほとんど恍惚たるまでの信頼は、ある人物の見解とカリスマ性の神格化に由来する。それはエルナンド・デソト (Hernando de Soto) に他ならない。彼については本章の次節で概括するが、それは、ごくありふれた文書、一つの覚書から始まった。世界銀行の法務顧問イブラヒム・シハタ (Ibrahim F.I. Shihata) による『" ガバナンス " の問題に関する法的覚書』(Legal Memorandum on Issue of "Governance") である[27]。1980 年代末までに、グローバル経済における世界銀行の役割は、個々の開発事業に外貨を提供することから、開発途上国経済の構造や運営に介入するまでに拡大しており、それは世界銀行の定款における政治活動禁止規定に抵触するおそれがあった[28]。シハタの責務は、政治的だと批判されかねない介入を、経済的活動として認められ得る範疇に引き戻すことにあった。彼の解決策は、経済的パフォーマンスをガバナンスに、そして良きガバナンスを「法の支配」に連結し、かつそれら両者を

27　Ibrahim F. I. Shihata, *The World Bank Legal Papers* (New York: Springer, 2000) 245–82 頁。
28　IV 条 10 項 " 政治的活動の禁止 (Political Activity Prohibited) " が以下の通り規定している：
『世界銀行とその職員はいかなる加盟国の政治的問題に介入してはならず、また一国また複数の加盟国に関わる政治的性格の決定に影響を受けてはならない。ただ経済的配慮の実がその決定に関わるべきであり、その配慮は、第一条の目的を達成するために、公平に衡量されねばならない』。
　1980 年代には、3 つの個別の問題がこの第 10 項の抵触のおそれを生じさせた。アフリカ諸国のガバナンス向上の取り組み、東欧諸国の経済的政治的変容を支援するための欧州復興開発銀行 (EBRD) の設置、そして「構造調整融資」における借入国政府の政府体制の変更に関する条件付けの増大であった。

政治から切り離すことであった。彼は、法を非イデオロギー的な「現実に適用されている抽象的『ルール』と、そのようなルールの適切な適用を保障すべく機能している制度に依拠したシステム」［なお『』は原文による］と定義づけた。シハタにとってそのようなシステムは、開発にとって必須であった：

改革は、それを有用なルール群に翻訳しまたそれらルールの遵守を確保するシステムが不在ならば、有効たり得ない。そのようなシステムは、(a) 事前に知られているルール体系が存在すること、(b) それらのルールが現実に効力を有すること、(c) そのようなルールの適切な適用を確保し、かつ確定的な手続の下でルールの避けられない逸脱を許容するメカニズムが存在すること、(d) ルールの適用における紛争は独立的な司法ないし仲裁機関の拘束的な決定によって解決されること、そして、(e) ルールが目的に適合しなくなった際にそれを改正するためのよく知られた手続があること、を前提としている[29]。

シハタはさらに、法の支配なくしては、個人も企業も「支配的な個人や集団の気まぐれに」委ねられてしまう運命であるとし、また予見可能なルールと手続適正 (due process) だけが経済成長を可能にするような「一般的な社会的規律」を提供しうる、と続けた。

公平に適用される画一的ルールの魅力は、その普遍性である。それは1960年代に模索された政策実現手段としての法観念と比較すれば、よほど素人的な法観念かもしれないが、しかしなお学術的な血統を継いでいる。アントニン・スカリア (Antonin Scalia) は一時期は法学教授の職にあり、その後に最高裁判事となったが、彼は著書『支配の法としての法の支配』(The Rule of Law as a Law of Rules) で、安定的に客観的に適用される明確なルールとは、子供がテレビを見るのを管理する最善の方法であるのみならず、複雑な社会における資源配分を司る最善の方法であると論じた。つまり、1996年までには世界銀行がシハタのレトリックを全面的に採用し、とくに財産権について言及したのは、驚くべきことではない：

財産権は、市場経済のインセンティブ構造の核心にある。それは誰がリスクを負い、誰が取引から収益や損失を被るのかを決める。そのことで有意義な投資が刺激され、注意深いモニタリングと監査が強まり、労働の努力が促され、執行可能な契約の地盤が形成される。つまり、十分に特定化された財産権は、努力や正しい判断に報い、それによって経済成長と富の形成を支える[30]。

---

29 前掲 Shihata, Legal Papers, 273 頁。
30 World Bank, From Plan to Market: World Development Report (1996), 48–49 頁。

　逆に、執行可能な財産権が存在しなければ、投資家は彼らの資産を私的な窃盗や国家収用から守り難いため、投資は起こらない。シハタがこのように法を非政治的に特徴づけたことにより、ウェーバーにおいて皮肉であった、またデムセッツにおける涅槃的世界が、いまや世界の主導的な開発機関の理論的基盤として、自由に展開することとなった。

　このような信念と平仄を合わせて、この四半世紀、貧困諸国において、外部からの牽引と資金提供による金融法制改革事業が復活している。ただ今回は、市場親和的な法的ルールを形成し、またその執行のために司法の役割を高めることに目標が向けられている。『自由至上主義』的な私的秩序への忠誠は、ワシントン・コンセンサスの最高潮の時代に匹敵する驚くべきものであるが、ただし、現在ではそれは法制度の修正という条件付きである。世界銀行の立法・司法改革実施グループ首席法律顧問の言葉によれば：

　　ひとたび明確な財産権が政府によって確立され保証されると、配分的効率が
　　確保され、また政府はそれ以上介入の必要がない。なぜなら、ひとたび私的
　　当事者が明確に定義された財産権を手にすると、彼らは効率的な結果へ向け
　　て交渉できるからだ。自由で強固な市場は、個人的自由と財産権が尊重され、
　　またそれら権利の侵害が公正で公平な裁判所で裁かれるような政治体制のも
　　とにおいてのみ、成功する [31]。

　ことさら「実定法主義」や「厳格性」を要求する声こそないが、もはや社会科学に精通した政策配慮型の司法によるアドホックな問題解決の探究はない。かつて第三世界の法学教育の中核を占めていた評判の悪い法理群は、いまや、少なくともスカリア判事のいう「支配の法」として表現され、財産権と契約に焦点が当てられる限りにおいて、何ら非難されることはない。

　アマルティア・セン (Amertya Sen) が、経済成長の量的計測を補完して、人間の「潜在的能力」や「機能」の領域に注目を喚起したことは、開発の全般においてより広い概念化を牽引してきたが [32]、しかし法の側面では、これに対応する柔軟なプラグマティズムや地元への配慮といったことは何ら要請されてこなかった。むしろそこでは、確実性と精密性の価値を強調する2つの運動が起こり、シハタの覚書で公式に開始された攻勢をさらに加速化させた。第一が、実定的な所有権が貧困者

31　Maria Dakolias, "A Strategy for Judicial Reform: The Experience in Latin America," *Virginia Journal of International Law* 36 (1995-6) 167 頁 , 168 頁参照。
32　Amartya Sen, *Development as Freedom* (New York: Alfred A. Knopf, 1999) 参照。

に金融獲得機会を与えるとするデソト（De Soto）の議論によって鼓舞された、インフォーマルな土地保有の権原登記の促進キャンペーンであるが、これについては本書第6章で、カンボジア土地法の改革を論じる際に詳しく検証する。さて、確実性の探求のもう一つの次元に目を向ければ、それは、開発への即応度合いを計測する量的スペクトラムにおいて各々の開発途上国が「精密に」どこに位置づけられているのか、そしてその位置づけを向上させるためには「正確に」どのような法制度の側面を改善すべきなのか、知りたいという欲求である。そのような知識への道程は、指標化、によって用意されている。つまり各国を、建築許可を得るために要する時間とか透明性・競争性・腐敗の度合いなど、かなり幅のある視点で、第1位から第189位までランク付けするリスト作りである。

指標、そして確実性と精密性の探求

指標化の魔力は、財産権であるとか法の支配といった大いに論争のある概念を、簡素な数字に転換してしまう点にある。ある国の法制度に、ひとたびある数字が与えられると、自動的に格付けが行われ、開発機関の政策立案者らは自信をもって、開発即応性に関する何十もの観点で、貧困諸国を評価し比較することが可能となる[33]。さらに魔術的であるのは、当該国に出向くことなく、またその社会や経済の背景知識を得るための文献渉猟なく、現地事情に直接詳しい専門家に意見を求めることすらなく、そうした評価を行い得ることである。国際財産権指標（IPRI）はその好例である。

IPRIは、アメリカ・ワシントンに本拠を置く、「世界全体の財産権の保護に捧げられた」アドボカシー団体である財産権同盟（Property Right Alliance: PRA）が毎年発行している[34]。この指標は、世界129カ国を、財産権保障の度合いについて評価し、ランク付けしている。PRAはしかし、対照各国の状況について独自の調査は行っておらず、代わりに他の主体によって作成され公表されている10の指標に依拠しており、主に世界銀行と世界経済フォーラムである。これら指標はそれぞれの

33　対象諸国の数は多様である。世界銀行による "Doing Business" は189カ国を含み、おそらく最も影響力のある指標である。Property Rights Alliance による「国際財産権指標」(The International Property Rights Index) は129カ国を対象としている (internationalpropertyrightsindex.org)。World Justice Project による「法の支配指標」(Rule of law Index) は102カ国を対象とする (http://worldjusticeproject.org/)。この現象の包括的な回顧と分析として、Kevin E. Davis, Angelina Fisher, Benedict Kingsbury, and Sally Engel Merry, eds., *Governance by Indicators: Global Power through Quantification and Rankings* (Oxford University Press, 2012) 参照。
34　International Property Rights Index 2015（https://s3.amazonaws.com/ipri2015/IPRI+FINAL+110415.pdf）参照。

調査の結果であり、通常は、各国の法制度の一つないし複数の領域に関する専門家に移植して調査が実施されているので、つまりIPRIは、調査についての調査の調査だということになる。PRA自身は質問項目を作成せず、「財産」とか「権利」とか「法」といった最も基本的な用語の意味についてすらも、複数の調査の間での使用法や意味の整合性が図られていない。

　その他の指標も、PRA同様の政治的団体によるものから国連や世界銀行のような国際的機関によるものまで、著しく多様である。しかしそれら指標のほとんど全てが、根本的な特色を共有している。それらは全て、知的創造における探究的な側面を省略している。代わりに、主観的なデータの集積に端的に依存している。その結果、それらはある国の法制度が実際どのように機能しているのかについて、実質的に何も語ることができない。たとえば、IPRIでカメルーンは第111位に、ブルキナファソは第101位に位置づけられていると知っても、それが当該国の法制度を知ろうとする誰かの手助けになるとは期待できない。ただ、もしそうした指標の用途が、どの国に先進国市場に対する特恵的アクセスを、優遇ローンを、開発援助を提供するかを決定する基準であるとなると、10位の格差は意味が違ってくる。結局のところ、世界銀行やアメリカ国際開発庁の中堅職員たちがブルキナファソを融資の対象に選ぼうが、あるいは融資の猶予を認めようが、彼女はつねにブルキナファソがカメルーンより10カ国高い位置にあるという説明を使えるのである。彼女の理由づけは客観的で、明確で、決定的だが、しかし実質的には、無意味である。

　このシナリオはあり得ないことではない。2012年に、ある批評家の集団がこう表現した、「グローバル・ガバナンスにおいて急増している指標の形成や使用は、グローバル・ガバナンスの一定の側面において、権力のあり方、行使、またおそらくひいてはその配分さえも、変える可能性がある」[35]。これは実際には状況を控えめに語っている。世界銀行は自らの『世界開発指標2015』（World Development Indicators: WDI 2015）において、その目的を次のように記述している：

　　世界の開発と貧困との闘いについて関連性の高く、クオリティの高い［原文のまま］、国際的に比較可能な統計を集約したものである。政策立案者、学生、アナリスト、研究者、事業管理担当者、そして一般市民にとって、開発のすべての側面に関するデータの入手や使用を助けることを意図しており、とくに世界銀行グループの2つの目標である貧困撲滅と富の共有促進へ向けての監視の促進に資するデータを含む[36]。

35　前掲 Davis et al., Governance by Indicators, 4 頁。
36　http://issuu.com/world.bank.publications/docs/9781464804403 参照。

この言明は、解きほぐしてみる必要がある。WDIは政策立案者、アナリスト、事業担当者、そして社会的アクターに、貧困との闘いに指針を与え得るデータに至るための統計情報を提供するという。しかしその統計とは、世界銀行の職員が、貧困社会の再構成のための政策立案者の決定に指針を与えると信じている問題について、世界銀行自身の選んだ極めて少数の「専門家」の主観的意見のみに依拠している。そのデータが、次に国際比較を可能にするように順番にランク付けられる：6.0満点において、2014年にブルキナファソが3.0、カメルーンが2.5であった[37]。このデータに依拠して、世界銀行の事業担当者は、現地政府の官僚は、あるいは外国の法改革担当者は行動を起こしてよい。新たな土地法を起草するなり、アグリビジネスに巨大な土地リースを許可するなり、あるいは農産品に特恵関税を提供するなりである。

　指標はいまや、富裕諸国側が、貧困諸国の財産権法を含む法制度の改造について監視し影響を与えるプロセスにおいて、不可欠な部分を占めるに至っている。問題なのは、当然ながら、開発理論の実施における固有の問題としてすでに上記で見た、複雑で個別的な現象が抽象化・単純化・一般化されやすい傾向を、指標は、まさにその本質ゆえに、悪化させてしまうおそれがあることである。デービスら（Davis et al.）は次のように記述する：

> 指標は、典型的には政策立案者に当てて提供され、便利で、わかり易く、使いやすいことが意図されている。しかし、個別的な知識を数字で代表させる変容は、現実の事象から意味と文脈を剥ぎ取ってしまう。こうした数字的形態において、知識はいまや、権力と対抗勢力の構成や使用を変更するまでの独特な権威を帯びる。このような変容は、意思決定の構造やプロセスの変更を、反映するのみならず、促す[38]。

財産権への執着、現実の度外視

　以上のような欠陥に拘らず、ジェームズ・スコット（James Scott）が著書『Seeing Like a State（国家のごとく）』で指摘したように、政府は単純化の弊を避けられない。もし世界を管理する権限が与えられたとしたら、189カ国の複雑な現実を単純化する装置を、いきなり全廃することは無謀である。同様に、開発途上国の法制度の

37　http://data.worldbank.org/indicator/IQ.CPA.PROP.XQ 参照。
38　前掲 Davis et al., 6頁。また土地と開発の実務に複雑性を持ち込もうとする学界の試みについての検討として、Chantal Thomas, "Re-Reading Weber," lsrp_papers, 80–85頁。（http://scholarship.law.cornell.edu/）参照。

質的向上に務める際にも、「法の支配」や「財産権の保全」といった麗句を伴う
理念を拒絶することは、ばかげているし、ひねくれている。大事なことは、それゆえ、
実践者たちが新制度派経済学を皮肉りながら行ってきた改革努力を、皮肉るべきで
はない。実際、世界銀行は、西洋モデルをそのまま移植することの本来的な危険
に、気づいていなかったわけではない。本書第6章でみるように、開発援助界が一
般にそうだとまでは言えないとしても、世界銀行の中には、管理上の効率性や規範
的な要請を優先し、分析や文脈への感度を排除することがあってはならないという
学びがある。

　しかしながら、急進的な単純化や、十分に定義されない西洋的観念の貧困諸国
への機械的な適用の危険が、いかに認識されていても、グローバル・ガバナンスの
要請や、経済学者の（あるいはその他の）単純化・優美・確実さへの自然な欲求、
つまりフリードリッヒ・ハイエク（Friedrich Hayek）が「物理学の羨望（physics envy）」
と呼んだところの習性に、避けがたく出会ってしまうのだ[39]。それゆえ、世界銀行の
ある研究者は後悔を込めて結論づけている。注意の必要性、単純な解答の回避を
促す「メッセージ」は、「政策アナリストや意思決定者に明確に伝達されてこなかっ
たと思われ、否定的な結果を生んでしまう。」[40]

　現場でのほとんど避けがたい傾向は、イデオロギーを現実と取り違えてしまう開
発アプローチである。精緻さへの探求は、平凡な現場知識に入れ替わる。明確で
安定的な財産権の必要論は、歴史を度外視してしまう。本書の続く2つの章で見る
ように、今日の富裕世界がその他の世界に強いているのと同じ種類のフォーマルな
財産権を、イギリス、アメリカ、そして日本は、それぞれの開発過程において解体
してきた。それは忘れられた古い歴史上の話ばかりではない。過去35年ほどの中
国の成長は、財産権のベスト・プラクティスを受け入れることなく、法の支配へ向け
た努力なしであったが、理論上も実際上も実質的な影響はなかった。

　肝心なのは、西洋世界からカンボジアに一貫移植されたコンピューター化された
権原登記制度が、むしろ悪をもたらしたおそれではない。西洋世界が偽善的であ
るというのでもない。イデオロギーを現実と置き換えてしまう代替は、もっと重大な
帰結を示している。貧困国に、政治から独立したルール偏重的な司法制度を構築
させ、法的に定義づけられ構成された財産権を執行させることが愚かである理由
は、それが開発途上国に不可能を強いるからだけではない。それが、歴史を通じ

39　*The Counter-Revolution of Science*,（Indianapolis: Liberty Press, 1952/1979）。
40　Klaus Deininger, *Land Policies for Growth and Poverty Reduction: A World Bank Policy Research Report*,
World Bank Report # 26384, xvii 頁（http://documents.worldbank.org/curated/en/485171468309336484/
Land-policies-for-growth-and-poverty-reduction）。

て、急進的な経済成長のたびに繰り返し引き起こされてきた事実を、見落としているからである。それは「合理化」、すなわち既存の財産権を解体し、それを社会内の低生産性セクターから高い生産性セクターへと移転すること。文脈に立ち入るために、以下ではわれわれは、その2つの痛ましくもある成功例を見る。イギリスの農民たちのコモンズから排除、そしてアメリカの水法（water law）の変容である。

3章

財産権と市場
―イギリスとアメリカ

　この章では、市場化に伴なう財産権の解体の2つの事例について検討する。第一は、3世紀あまり過去に遡るイギリスの囲い込み運動、および村民たちが領主の土地に立ち入り採取を行う権利の漸進的な喪失である。第二は、アメリカの水法の判例である*Sanderson and Wife v. Pennsylvania Coal Co.* 事件であり、19世紀の商工業化に適応するためのアメリカ財産権法の変容を見る上で好例である。いずれの検討も、複雑な現象の中でとくに2つの側面を強調する。社会の再構築のプロセスにおける、失われた利益の性格、および実定的（formal）な法制度の役割である。市場化へ向けた調整のためのモデルを形成しようとかベスト・プラクティスを引き出そうという意図はないが、しかしこれらユニークな事象からの教訓は、一見縁のない今日の社会現象にも適合的であるように思われる。じっさい、後続各章における日本、中国、カンボジアの財産権法や社会構造の変容に関する検討は、何世紀も前に異なる大陸で生起した問題に関する本章の分析に、多くを依存することになろう。

羊が人を食らった時代：イギリスの囲い込み運動

　西暦1550年、イギリスの人口の8割は農業に従事していた。このうち市場向けの商品作物の生産を行っていたのは2割に過ぎず、6百万人のイギリス人口が何世紀も飢え続けるほど、生産性は著しく低かった。それから3世紀後、人口の8割は土地を離れ、農業に従事するのは圧倒的に「市場のために農業を行うビジネスマン」であり、人口規模は2千万人に達しつつあった[1]。イギリスの農業革命の最も特徴的な側面はしかし、こうした統計数値ではなく、その動因であった土地所有権の性質の根本的変化である。通常ならばそうした変化に伴うはずの暴力や混乱の拡大なく、ある階級からの剥奪を可能にしたものは、政治的かつ法的なプロセスであった。

　16世紀初頭、封建領主は我々の考える法的権原に近い意味で土地を所有していたと言えるが、村民たち、つまりコモナーズ（commoners）は、その土地を特定

1　イギリスの人々の歴史を視覚的に示したものとして、www.urbanrim.org.uk/population.htm を参照。また一般的に、John Hatcher, *Plague, Population and the English Economy, 1348–1530* (London: Macmillan, 1977)、また E. A. Wrigley and R. S. Schofield, The Population History of England 1541–1871 (Cambridge, UK: Cambridge University Press, 1989) を参照。

の方法で使用する権利を有し、それが領主の土地に対する権力を大幅に制限していた。そのため、今日とは劇的に異なる農業の態様をもたらしていた。「閉鎖地」(closes) と称された、今日の農業形態に似た専用区画は存在したものの、例外的であって、サイズもかなり小さかった：

> それよりもより広大な、おそらく数百エーカーに及ぶ農地があり、短冊状の土地区画に線引きされていて、それが土地所有の単位を形成していた。その区画間は草地で区切られることもあったが、多くの場合は判然とした物理的な境界がなかった。農地は通常、排水を促す畝や溝が反復するように鋤かれていた。そうした短冊状の区画はしばしばファーロングス・ランド（馬が耕起する一区画）と呼ばれる一団の土地を形成していたが、それらの線引きされた農地の境界内に、わずかな排他的区画（closes）があることもあった[2]。

　違いは、そうした物理的なレイアウトに留まらない。コモナーズは、それぞれの短冊状の区画を耕す権利のみならず、驚くほど多くの財産権を有していた。「共同利用しうる家畜」（子馬、牛、ロバ、ラバ）や羊の放牧権、豚の餌としての木の実採餌権（mast）、泥炭の採取権（turbary）、粘土の採掘権（marl）、薪の採取権（estover）などである。これらはすべて、耕作地のみならず、湿地、その他の耕作不能な「荒蕪地」に及び、そのすべてを所有者は認容せねばならなかった。これと対照的に、1850 年までには、財産の所有権iは、今日の先進世界におけると実質的に同一の形態を形成するに至った。単一の所有者が、一体の土地に対して排他的支配を行使した。所有者はまた、他者に対して、賃借権、地役権、*profits à prendre*（土地から物を採取する権利であり、turbary、marl、estover などを含む）、またあらゆるタイプの用益権を設定できたが、ただし決定は個々に委ねられ、統一的・排他的な土地の占有からはかけ離れた多様な選択が展開した。

　そのような変化をもたらした根本的な動因は、市場であった。最初は、15 〜 16 世紀における羊毛価格の上昇であり、所有者にとって、共同体的な耕作から排他的な羊の牧畜へシフトすることが有利となった。その後、穀物価格の上昇により、羊毛生産よりも単一作物の生産が、より有利なものとなった。このように、囲い込み運動は、市場による調整の他のあらゆる例、たとえばアメリカの繊維業界がニューイングランドからアメリカ南部へ、さらに海外へと生産基地を移転したといった例と同様であり、とくに興味深いものではない。囲い込み運動を象徴的なものにしたのは、

2　Mark Overton, *Agricultural Revolution in England: the Transformation of the Rural Economy, 1500-1830* (Cambridge, UK: Cambridge University Press, 1987), 23 頁参照。

それが、コモナーズが土地に対して有してきた無数の財産権の解消を余儀なくさせたことであり、それにより、人々の既往の生活形態の再構築を迫ったことである。

　イギリスの土地所有権は今日に至るまで常に不平等であるが、しかしコモナーズの有する最小限の権利がせめても、彼らの生にとっての経済的持続性、社会的な地位、そして法的な権能を与えていた。しかし19世紀までには、所有権は、極度な集中を来したのみならず、隣人・住民に対する固有の義務から一切解き放たれていった。多くの人々は生計の手段のみならず、祖先が享受してきたあらゆる地位や影響力を喪失した。村々は人口を失い、代わって土地なし貧困者らの新たな階級が形成され、彼らが産業革命の人的基盤を提供したと多くの論者は説いている。

　それは長期的で、多様で、地域的に分散したプロセスであり、また法的・政治的な文脈は絶え間ない変化のもとにあった。しかも、歴史学の解釈は多様で争いがあり[3]、以下で述べる見方もけっしてそうしたプロセスの包括的評価を提供するものではなく、数多のイデオロギー的な論争を解決する意図もない。ただ、たとえば現代の東アフリカの共同体の放牧権に関心を寄せる者にとって、16世紀のイギリス農業の状況があまりに遠く隔たり秘儀的なものに見えるとしても、ある社会の構造を形成してきた財産享受秩序の消滅、そして新たな経済・政治・技術的な需要に対応する法的枠組みの強引な形成という点では、機能的には同一である。

　したがって以下の検討では、今日の開発途上諸国にとって、また急速な経済成長が生起しているかそれを希求するすべての諸国に直接関連する、イギリス囲い込み運動の2つの側面に光を当てたい。第一は、解消される財産権の性格と範囲、つまりコモナーズが失い領主が得るものである。第二は、当初は王座裁判所のちには議会による、実定的な法制度の多用で矛盾しあう役割であり、つまり財産権の解消における「何が」ではなく「どのように」の問題である。この検討は、複雑な社会過程の概観が得てしてそうであるように、選択的とならざるを得ないが、今日的な課題の分析にとって、歴史また比較の文脈を提供するものとなろう。

3　イギリスの囲い込みに関する独創性に富んだ2つの議論として、カール・マルクスによる Karl Marx, *Capital, Volume II*、およびバーリントン・ムーア による Barrington Moore, Jr., *The Social Origins of Dictatorship and Democracy: Lord and Peasant in the Making of the Modern World*（New York: Beacon, 1967）がある。他に、低階層の農民たちに対する囲い込みと農業商業化の負の効果の証左として、文献や古文書を検討する歴史学者の研究蓄積がある。この種の重要な研究として、R. H. Tawney, *The Agrarian Problem of the Sixteenth Century*（London: Longman, Green and Co., 1912）、また J. L. Hammond, *The Village Labourer, 1760–1832*（London: Longman, Green and Co., 1918）があり、両者とも、二次資料に依拠した先行研究とは異なり、一次資料の慎重な検討に依拠している。これらの業績はイギリスの囲い込みの大きな二つの波をそれぞれ対象としている。Tawney 著は、耕作可能地が羊の牧草地に転換された16世紀の囲い込みを検討し、Hammond 著は、議会における公法・私法の立法プロセスを通じて生起したためにしばしば「議会由来の囲い込み」として言及されている、18世紀から19世紀初頭にかけての囲い込みを対象としている。

法的枠組み

　広範な囲い込みは国際的な羊毛価格が高騰した16世紀より以前には起こらなかったが、封建領主にとって、領有する「荒蕪地、森林、牧草地」の領民による使用を排除する初めての法的枠組みは、1235年のマートン法（Statute of Merton）に遡る[4]。領主はしかし、囲い込み後に自由土地保有者（freeholder）たち、つまり領地内で領主の封建的権能に由来しない保有権を有する下位の土地所有者たちに[ii]、十分な共同の牧草地を残すことを、巡回裁判所の判事たちの前で宣誓するという交換条件に拘束されていた。自由土地保有者の下位の村民たち、つまり驚くべき多様化を深めるコモナーズ（農奴であるvilleinやserf、自由民、等々）は、彼らの占有対象が土地か家屋かに応じて逓減する権利を有し、そのため領地記録文書（manor roll）に「謄本保有権者」（copyholder）として刻まれていた。個々人がそのヒエラルヒーのどこに当たるかが、彼と家族が全く占有を有しない農業労働者となるか、あるいは自作農（yeoman）や広大な地積上の富裕な借地権者に発展していけるかを決定づけた。

　われわれの検証目的にとっては、問題なのは、囲い込みが当初から複雑な法的そして階級的な差異を伴っていたということである。コモナーズの最上位は自由土地保有者。次は謄本保有権者。最下位は農奴、のちの自由民であり、借家に住まい、それゆえ謄本保有者としては位置づけられていなかった。これらすべての集団が共有していたのは、太古から彼らの生活基盤をなす既得権の解体に際して、抵抗を発動する決定権であった。抵抗は、様々な形態をとる。散発的に発生する暴動はその一つで、現代中国の農民たちの「大衆抗議」に驚くほど似ており、急速な経済成長過程のいずこも同じである。しかし、16世紀のイギリスコモナーズが有していたが、21世紀の中国やカンボジアの農民たちが享受できていないものは、裁判所において、占有剥奪に挑戦する現実的な機会であって、最低層の集団ですら初期にはある程度それに成功していた。

　しかしそれは、1603年のゲイトワード（*Gateward*）事件によって終わりを告げた。リンカーンシャーのスティックスウォルド村の住民たちは、領主による荒蕪地の囲い込みに対抗して、牛の放牧間を正統化する古くからの慣行を援用した。王座裁判所は、今日でもよく知られている理由に依拠して、全会一致で、村民らの原告適格

4　一般的に、George Shaw-Lefevre, *English Commons and Forests: The Story of the Battle During the Last Thirty Years for Public Rights over the Commons and Forests of England and Wales* (London: Cassell and Company, 1894) 参照。

性を退ける宣言を行った。その詳細については19世紀における批判的な研究がある：

> 裁判官らは…地区の住民たちが、収益的性格を有する権利を享受するにはあまりに曖昧な団体であること、そのような権利は財産にのみ伴うものであること、また譲歩を行う際、そのような権利を廃止したり放棄する立場にある個人が特定されないことという、衒学的で技術的な理由を提供した[5]。

　重要な点は、裁判官が、住民が荒蕪地を使用する既存の権利を有しないという政治的に歪んだ宣言を行ったわけではないこと、むしろ単に、裁判所で権利の主張を行うために必要な法人格を彼らが有しないという、狭量な法的決定を行ったことである。

　この判断理由は、既存の財産権を効果的に不能にすることにより取引費用を低減するという、法の能力を顕著に示している。もし、村落の慣習的使用が一体的に司法により保護されていたならば、集団訴訟によって領地内の荒蕪地を商業的浸透から守り得ていたことだろう。たとえそれが社会的にいかに有用な商業化であったとしても。つまり裁判所は、村民の共同地を利用する権利を明示的に否定しようとはしなかったが、しかし国際的な羊毛価格の高騰という機に臨んだ生産的な対応を阻止することを、彼らに許しはしなかったことも明らかである。

　ゲイトワード判決はスタンダードを形成した。しかし上記の19世紀の研究者はこう続けている、「しばしば起こり得ることだが、裁判官がある疑わしい大きな判断を下すと、後継者たちはそれを少しずつ削り込み、あるいは巧妙な屁理屈によって排除するべく意を砕く」[6]。そのため、王座裁判所は後続の事件で、実定的な法人化を通じて、村民たちがその財産権を防衛するために必要な法人格を獲得しうると判示した。また他の事件では、長期の持続的な使用についての強い証拠がある場合に、裁判官は「失われた授権」（lost grant）という意図的な全くの法的フィクションを用いた。つまり領主の領地の長期的使用がひとたび立証されると、裁判所はコモナーズがその使用権を有するに違いないとの推定を置くのである。さもないと、

5　前掲 Lefevre, *English Commons*, 14-5 頁。*Gateward* 事件に関する論述として、Andrea C. Loux,"Persistence of the Ancient Regime: Custom Utility and the Common Law in the Nineteenth Century," Cornell Law Review 79 (1993): 183 頁、また E. P. Thompson, *Customs in Common: Studies in Traditional Popular Culture* (New York: The New Press, 1993), 134-7 頁参照。
21 世紀における機能的に同一の理由の反復は、2012 年のアメリカ最高裁判所判決 *Golan v. Holder*, 565 US 1 頁に見出すことができる。裁判所は同判決で、ある物が公共領域から除外された場合はもはや「公共」部門は財産権を有しないと判示した。

6　前掲 Lefevre, *English Commons*, 15 頁。

領主の認識を立証することなどできようか？　他者の土地に対する、そうした粘り強い広範な使用が許可なく行われるということは、今でこそ誰にも記憶されていないが、かつてはそうした権利を許容した王家の憲章があったこととして、辛うじて理解できる。しかし多数の事件において、ゲイトワード事件判決の法理が参照されてゆき、領主がひとたびマートン法の要件、つまり自由土地保有民に十分な牧草地を残すかあるいは囲い込みの収益を彼らに分配する合意に至るとの条件を充足しさえすれば、その余のコモナーズの既存の権利に一切の配慮なしに囲い込みを進めてよいとされたのであった。

法の不確実性

　囲い込みの帰結は、イギリス農業を、農民たち自身が辛うじて生存可能な栄養条件を満たすレベルから、国際的また国内市場向けに生産を行うのみならず18〜19世紀の産業化に経済的・人的な基礎をも提供した完全な商業セクターへと変容させた。この大いなる人間の富の増大を可能にしたものは、地方社会における最底辺の最も多数の階級からの剥奪であった。何世紀にも亘って父祖から受け継がれた耕作、飼料採取、放牧の権利を喪失したとき、彼らは農業労働者にもなり得ず、新たな産業のプロレタリアートにもなり得なかった。しかし失われたものにのみ焦点を当てるとき同じく重要な教訓を見過ごすことになる。つまり、この「富裕者による貧困者に対する革命」[7]が、無法の暴力でも野蛮な弾圧でもなく、法の慎重な活用に基づくものであったということである。そのプロセスは、あたかも現代中国の農村部におけると同様に、けっして体制を弱めることはなかった。むしろ、次に見る19世紀の2つの対照的な事例が示すように、体制を正統化した。

　その第一は、ウィンブルドン（Wimbledon）共同地における囲い込みに対する抵抗の成功例である。ウィンブルドン領地は11世紀にエドワード懺悔王からカンタベリー主教座に譲許されたもので、その後の8世紀間、国王、教会、様々な伯爵、公爵、公爵夫人、侯爵夫人、その他の貴族関係者の間を転々とした。その間に少なくとも一人の所有者が領地の囲い込みを試みたが、本格的な実施は、19世紀に至って初めてスペンサー卿によって試みられた。村民たちは、コモンズ委員会を通じて抵抗した。当時の研究の抜粋から紛争の深刻さを伺い知ることができる：

　　　領地記録文書はエドワード4世の時代に遡り、（そして）領地に関する条件や自由土地保有権や謄本保有権を有する借地人に影響を及ぼす興味深い事実

7　Karl Polanyi, *The Great Transformation* (New York: Rineholt, 1957), 35頁。

に満ちていた。領地記録文書に加えて、カンタベリー黒本…および1649年に作成された議会による領地調査に基づくウィンブルドン卿慣行記録がある。初期の裁判記録文書では樹木や灌木の伐採権を尊重する命令・規則類で溢れている。夏には樹木は伐採を許されないが、教区の典礼係は毎年の聖ミカエル祭にベルを鳴らして周り、「共同地を開かせる」。彼は同様にしてお告げの祝日に「共同地を閉じる」[8]。

1864年に、スペンサー卿が議会における囲い込みプロセスを開始した際、彼は囲い込みが全ての人を利すると説き、コモナーズに対して買い取りを行うことを試みた。しかし彼らはその申込みを拒絶し、行き詰まりを来した：

スペンサー卿が…コモナーズの行動によって幻滅したことは明らかだろう。彼は、彼が土地の問題について提案した方法を邪魔立てする住民の権利を認めようとしなかった。住民は他方で、彼らが少なくとも領主と対等の立場に置かれる権利を主張し、また公共利益のための荒蕪地のいかなる処理にも彼らの同意が必須であるとした。彼らはスペンサー卿の執事の行為が彼らの権利を無視し排除するものであるとし、またたとえ権利の存続が許される場合にも、共同地の運命について意見を述べる彼らの請求権を封じ込めていると批判した[9]。

コモナーズ委員会は1866年、彼らの権利の確認と、卿による妨害の差止を求める裁判を申し立てた。当事者それぞれによる共同地の歴史に立ち入った探究が、コモナーズ側に有利に傾き、裁判所が失われた譲許を認定すると予想されたとき、卿は1870年、彼が過去十年間に共同地から得ていたところの平均値に相当する年間の固定費支払いと引き換えに、共同地に対するすべての権利を手放すことに同意した。

ウィンブルドン事件は、3世紀にわたる土地囲い込みの多くの事例のうち、住民が彼らの財産権を守るために法を活用することのできた代表例といえよう。ただし、ほとんどの事例は領主側の勝利と囲い込みの推進に帰した事実は、銘記を要する。ウィンブルドンのコモナーズは勝利したが、それは彼らが長期に及ぶ確立された使用を立証し得たからだけではなく、彼らが闘うための資源を有していたためである。つまり共同地の周辺に多くの優秀な法曹が居住していたし、また共同地内に居住し

8　前注92-3頁。
9　前注95頁。

ていた特に富裕なある人物がこの闘争に対して喜んで資金提供を行った。

　同時代の事例であるトラード・ファーンハム（Tollard Farnham）領の共同地に関する事件は、ゲイトワーズ事件のより典型的で直接的な後続事件である。ウィンブルドン事件とは異なり、トラード・ファーンハム事件は住民による積極的な訴訟で始まったのではなく、リバーズ卿が3名の村民による鹿禁猟区での灌木の切り出し行為に対して提起した不法侵入事件に対する答弁として開始した。ウィンブルドン共同地とは異なり、トラード・ファーンハムは純然たる地方部であり、法曹は過少で、富裕な住民もなかった。ただし被告たちは、共同地の保全をめざす19世紀的組織であるコモンズ協会により扶助を受けていたので、ウィンブルドン事件を勝利に導いたような歴史的探究が可能であった。財務裁判所のための事実認定を委託された仲裁人は、次のような認定を行った。「法的な記憶の開始以来、囲い込みの時代に至るまで、共同地上にはつねに、灌木や椎の木を燃料として伐採する大変多くの人々による継続的で、公然とした、正当な『使用権』が存在していた。」[10]

　財務裁判所は継続的使用の証拠を認識したが、しかしそれにも拘らず、ゲイトワーズ判断に依拠して、村落が何らかの法人格を欠くため、無際限に潜在的な権利の受益者が表れかねないことを意味するとし、「共同地に関する本案は必然的に成り立たない」とした[11]。その結果、裁判所は、失われた授権の法的擬制を拒否し、リバーズ卿に勝利と、そして「彼が有する多くの教区の一つで労役を行う人々から、疑いなく太古から存在してきた使用権と慣行…彼らが生まれ育った土地に残る財産の最後のよすがを、挽ぎ取ることで、得ることのできるあらゆる満足」を与えた[12]。

社会変化としての囲い込み

　対照的なウィンブルドン事件とトラード・ファーンハム事件にみるように、非常によく似た事実関係を呈した事件でありながら、非常に異なる結果に至り得たのである。しかし重要な点は、どちらの裁判官が法的に正しかったとか、どの法理が適用されるべきであったかの問題ではない。重要なのは、コモナーズの財産権の喪失が、そもそも法的な事件となったことである。囲い込み運動は、デムセッツ流にいう小さな同類の民族集団の内部で、個々の世帯の喪失を抑えることで漁夫の利を得

10　前注219頁。
11　前注220頁。
12　前注222頁。

る意味での「調整」ではない。囲い込みは、利害が直接対立する階級の間で闘われる生存闘争であり、当該運動を研究する代表的な歴史家が「農業戦争」と性格づけるところのものであり、そして現代のカンボジアで、また他の貧困諸国の零細農民にとって生起していることにきわめて類似している。ただしグローバリゼーションのもたらした重要な違いとして、国際的アグリビジネスが今は当事者の一覧に加えられているが[13]。

おそらく、16世紀のトーマス・モア卿（Sir Thomas More）以上に、その利害関係をより適切に、いやよりメロドラマ的に、表現しえた人物はいない。架空の「枢機卿」との会話という設定のもとで：

あれほどおとなしく従順で、あんなに小食であったあなたの羊は、いまや、聞くところによりますと、大変な大食漢となり、荒々しく、人間にさえ食いつき呑み込んでしまうということですね。すべての大地を、家屋を、都市をもまでをも食い尽くし、破壊し、むさぼり食らってしまうのだと[14]。

そのプロセスは、おそらく20世紀ニューイングランドの架空の繊維工場の移転がそのように描写されうるのと同じように、倫理的に中立的な市場調整とは到底言い得ない。モア卿にとって、それは階級間の闘争であって、貪欲がその動因であった：

貴族、紳士、そう、そして一部の僧院長たち、疑いなく尊い方々ですが、前世代に匹敵する年間の収穫や利益に満足することなく、何ら利益を上げなくとも静かに満ち足りて生きていくことには満足できず、そう、はなはだ公共の福祉を［阻害し］、耕すべき土地を残さず、彼らはすべてを囲い込み牧場にしてしまう、彼らは家々を引き倒す、彼らは町々を取り壊す、立っているものなど何一つ残さないのです[15]。

そして人々の辛苦は驚くべきものとなる：

それらの善き尊き人々は、すべての住処と所属地を索漠と荒涼に変えるのです。それゆえ、ある貪欲な飽くなき強欲者と、彼の故郷の災いは…杭や生垣で画された…何千エーカーにも及ぶのです。農夫たちは立ち退きを強いられ、それは共謀や詐欺により、あるいは受け入れがたい暴力的な強圧により、ある

13　Tawney, Agrarian Problem, 237頁。
14　*Utopia Book I*（Henry Craik, ed. English Prose 1916 Vol. I Fourteenth to Sixteenth Century online, Bartleby.com 所収）" Pasturage destroying Husbandry" より。
15　Utopia Book I（1516年、Henry Craik, ed. English Prose 1916 Vol. I Fourteenth to Sixteenth Century online, Bartleby.com 所収）" Pasturage destroying Husbandry" より。

いは嫌気がさすような悪事や棄損によりすべて売り払うよう強制されるのです。あの手がだめならこの手で、手段を択ばず、とにかく彼らは立ち去ることを余儀なくされるのです。貧困で、愚かで、惨めな、男、女、夫、妻、孤児、寡婦、不幸な母親たち、その赤子たち。…足を引きずり、そう、彼らの懐かしい馴染んだ家々を追われ、休息の場すら見つけることがないのです [16]。

　モアは誇張し、かつ単純化する。3世紀間にわたる囲い込みは、もっと複雑で、その倫理性はより曖昧であり、その帰結も彼の 16 世紀の読者たちが信じたほどには常におどろおどろしいものではなかった。しかし最も大事なことは、イギリスの、そしてその他いかなる地域についても、自給自足型農業の回復を提唱する向きがほとんどなかったことである。それは物質的利益の問題だけではなかった。おそらく、囲い込みについて最も影響力があった対照的な2つの議論、つまりカール・マルクスの『資本論』とバーリントン・ムーアの『独裁制と民主主義の起源』は、囲い込みのプロセスが近代の始まりを喫したとする点で見解を一にする。いずれも囲い込みを、市場資本主義と近代社会の形成にとっての基盤であると見ており、ただしそのことから異なる教訓を引き出している。マルクスは囲い込みを、封建的農業社会の最も力の乏しい成員たちから歴史的な権利を奪い取り、村民たちを農業や都市のプロレタリアートに変容させた運動と見る。ムーアはこの資本主義の発展の裏面に注目し、農民の封建的土地秩序からの解放、またそのプロセスの漸進的な性格が、イギリスの民主主義の形成に貢献したと論じる。

　両者とも、囲い込みが資本主義、物質的な幸福の増進、また政治の近代化にとっての前提であったとする点で正しい。マルクスもトーマス・モア卿も囲い込みの強圧的性格を誇張し過ぎたきらいはあるが、農村の貧困層が生活の基盤をなす財産権を失いながらも、法的過程の魔力に阻まれ、ほとんど見返りを受けなかったとする彼らの指摘は正しい。しかしバーリントン・ムーアが、たとえ欠陥のある法的過程においてもなお内在する正義の感覚が、イギリス社会にケーキを食べながらもケーキを残す道を与えた、つまり最も脆弱な層の財産権の解体によってもたらされた高度経済成長を享受しながらも、財産権の神聖なる性格を残すことができたとする指摘も、また正しい。階級闘争は常に裁判を通じて行われたわけではないが、後述のように、イギリスの囲い込みはけっして逸脱的ではなかった。

16　*Utopia Book I*（Henry Craik, ed. English Prose 1916 Vol. I Fourteenth to Sixteenth Century online, Bartleby.com 所収）" Pasturage destroying Husbandry" より。

公害が " 自然 " とされた時代：
19 世紀のアメリカ財産法の変容

　18 世紀の初頭、アメリカは農業中心の自給自足経済であり、商業活動は沿岸の数少ない都市部に限られ、法制度は地方部の利害や価値を保全していた。しかしその世紀の終わりまでに、アメリカ経済は変化し、そして法も然りであった。商工業の展開を遅らせあるいは停めていたコモンローの諸原則は、弱められあるいは解消され、以前は成長のもたらす様々な形の害悪から守られてきた市民は、いまや調整を迫られていた。立法者ではなく、いまや裁判官が法理の変更に中心的役割を果たし、それにより勃興する資本家階級は、本来ならば民主主義プロセスにおいて要求された既得権との直接公然たる対決を回避することができた。すでに見てきたように、裁判官が社会変化において一定の役割を果たすという発想は決して新しいものではないが、19 世紀アメリカにおける彼らの役割は単に変化に対応することを超えていた。ゲイトワード事件やウィンブルドン事件におけるような馥郁たる穏やかな法的過程を通じて紛争を遅らせ、正当化し、鎮めてしまう役割を超えて、むしろ社会変化を積極的に円滑化するものであった[17]。

　イギリスの囲い込みと同様に、そのプロセスは複雑で、歴史解釈には論争がある。トーマス・モア卿の人間を食らう羊のような誇張技法を用いる者こそないが、とくにモートン・ホロウィッツ（Morton Horwitz）等の学者たちは、裁判所の役割を、幅広い法理を駆使しながら、他者に対する法的責任を大幅に減殺することにより、経済的不平等を悪化させる階級闘争として特徴づけてきた。ウィリアム・ネルソン（William Nelson）等の他の論者は、そのプロセスを、既存の農業的利益と、技術変化がもたらす可能性を追求する勃興する工業的起業家との間の抗争として、理解しうると主張してきた[18]。われわれの目的にとっては幸いなことに、裁判官が、囲い込みにおけると同様に、市場を成り立たせる方向へ財産権を再分配したという点

17　次の 2 つの文献に多くを追っている。Morton J. Horwitz, *The Transformation of American Law, 1780–1860* (Cambridge: Harvard University Press, 1977)、および William E. Nelson, *The Americanization of the Common Law* (Athens: University of Georgia Press, 1994 edition) である。アメリカの法制史に関するマルクス主義者の見解からは、ホロウィッツの解釈は批判を招いてきた。Note Gary T. Schwartz's reviews at"Tort Law and the Economy in 19th Century America: A Reinterpretation,"*Yale Law Journal* 90（1981）: 1717 頁、また Gary T. Schwartz, "The Character of Early American Tort Law,"*UCLA Law Review*（1981）: 641 頁参照。また Stephen F. Williams,"The Book Review,"*UCLA Law Review* 25（1977–1978）. 1187 頁をも参照のこと。シュワルツとウィリアムズはホロウィッツの分析や結論の階級論争的側面について対立があるが、水法の変化に関するホロウィッツとネルソンの解釈は、本章の主要テーマであるが、広く受容されている。たとえば、ウィリアムズは、ホロウィッツに対するその他の点では極めて批判的な検討において、「19 世紀のアメリカ東部の河川水法が『自然流水』の概念から『合理的な使用』の概念へと進化していたことは一般的に合意されていると見られる」としている。前掲 Williams,"Book Review," 1197 頁参照。ただし彼の「進化した」という用語法は、本書第 2 章で見たデムセッツやその他の経済学者と同様に、法を変化させるために必要な人間の政治的行動を省略していることに注意を要する。

では、見解は一致している。それによって裁判官らは、経済成長にとっての法的妨害を排除したのみならず、アメリカの法的・社会的構造の根本的な転換を肯定し、明確化した。ネルソンが述べたように、財産、とくに土地による富は、もはや政治的・倫理的な意味での「自由が存続するためには保全されねばならない秩序だったコミュニティの要ではなく、単に市場で取引されるいくつかの商品の一つ」であり、商業的需要や成長に奉仕すべく操作される対象となった[19]。そのプロセスがどう展開したのか具体的な理解を得るために、以下ではそのような農地の財産権と工業化との闘争一つの事例に立ち入りたい。

サンダーソン（*Sanderson*）事件 [20]

1868年、J. ガードナー・サンダーソンと彼の妻エリザ・マックブレア・サンダーソンは、ペンシルバニア州スクラントン市内の、泉から湧き出る「完全に純粋な」水の流れる小川メドウ・ブルックに沿った一筆の土地を購入した。その後2年をかけて、夫妻はその資産上に住宅を完成し、また魚と製氷のための池、灌漑システム、噴水、そして水槽に給水するために、ダムを建設した。

その間、1870年に、ペンシルバニア石炭会社がサンダーソン家より上流2マイルの位置に鉱山を掘り、その地の石炭鉱山がどこもそうしていたように、酸性の地表水で満たしていた。会社はその水を吸い上げてメドウ・ブルック川に流し、それによって川は「無価値より悪く」なった。魚は死に絶えた。川柳は枯れた。水槽は錆びた。1873年までには水は家庭用使用には堪えないものとなった。サンダーソン家は他の水源から水を得なければならなかった。

18　敢えて言えば、19世紀のアメリカ法の変容については、ネルソンの考察の方が、ホロビッツよりもより本質的である。ネルソンにとってそれは「経済開発の促進のために古来の財産ルールを犠牲にしようという司法の意思」を越え、アメリカの裁判所が「実質的に…もはや土地に依拠した冨を、個人にとって安全が保障された資源とは見ず、生産性に応じて市場における価格決まる商品の一つと見なす」ような「新たな財産理論」への変容であった。ネルソンにとって、それは単にある階級の他の階級に対する優遇を意味したのみならず、より重要なこととして、社会および法の「本質的に宗教的・非世俗的な価値群から、物質的・世俗的な価値群への転換」であった。前掲 Nelson, *Americanization*, 163-4 頁。

19　前掲 Nelson, *Amcricanization*, 163 頁。

20　以下述べる事実の要約は、ペンシルバニア州最高裁判所の4つの決定、すなわち *Pennsylvania Coal Co.* v. *Sanderson and Wife*: 86 Pa. 401 頁（1878）（以下、サンダーソン第一訴訟という），94 Pa. 302 頁（1880）（以下、サンダーソン第二訴訟という），102 Pa. 370 頁（1883）（以下、サンダーソン第三訴訟という），および 113 Pa. 126 頁（1886）（以下、サンダーソン第四訴訟という）に依拠している。私が一連のサンダーソン事件を選択した理由は、同事件が司法と政治の役割を明白に、あるいはメロドラマ的にともいうべきかもしれないが、例示しているからであって、ペンシルバニア州最高裁判所が法の変化の最初の、あるいは最も影響力のある裁判所であったという趣旨ではない。自然流水法理から合理的使用法理への転換は、通説的見解ではジョセフ・ストーリー（Joseph Story）判事の1827年 Tyler v. Wilkinson 判決（24 F. Cas. at 474 頁）に帰せられている。前掲 Horwitz, Transformation, 38 頁参照のこと。なお係争財産の所有者はサンダーソン夫人であったが、「サンダーソンとその妻」なる事件の名称は、婚姻中は夫に妻の財産の法的管理権を与える夫婦財産法理のもとで必須であった。

サンダーソン家はルザーン郡の民事訴訟裁判所に提訴した。ペンシルバニア州は水法の自然流水法理、つまり水流の質、量、水勢に支障を来す使用を禁じる原則を踏襲していたので、彼らはほぼ勝訴を確信していた。しかし不運なことに、彼らは、1879年3月5日付けニューヨーク・タイムズ紙の記事によれば「誰にも尊敬されず信頼されない」とされるウィリアム・H・スタントン判事に当たってしまった。じっさい、法が明らかに彼らに有利に思われたに拘わらず、判事は彼らの窮状に非同情的であった。スタントンは *damnum absque injuria*（被害なき損失）を根拠に、断固として彼らの訴えを退けた。スタントンは、サンダーソン家が被害を受けたことは否定しなかったのだが、排水は鉱山業にとって必要な事象であり、スクラントンは石炭鉱山で知られた郡であると判じた。サンダーソン家は控訴した。

　ペンシルバニア最高裁にて、石炭会社は、スタントン判事が暗黙のまま残した論点を明示し、州の重要な産業の一つとしての立論を採用するよう求めた。つまり「法は我々の重大な産業利益に適合されなければならない」とする論である。しかし裁判所はその法理については立ち往生し、のちにサンダーソン第一訴訟（*Sanderson I*）として知られるところとなる判示において、6対1で、サンダーソン家勝訴の判断を行った。ワーレン・ウッドワード判事の起草による裁判所意見は、石炭業の利益は、あくまで農業者の利益にとって死活的な財産権を奪わない範囲で可能であるとする州の確立した法に優位しないと判示し、スタントンの判示を覆し石炭会社を有責と判定するために *sic utere tuo ut alienum non ladas*（他者に被害を与えないよう自己のために使用せよ）の原則を当てはめた。裁判所は被告のコミュニティに対する経済的貢献を否定したわけではなく、むしろ「いかに産業が賞賛に値するとしても、経営者はなお、彼らの財産が隣人の財産に被害を与えるような使用を行わないという規則に拘束される」。事件はその後、民事訴訟裁判所に差し戻され、陪審員はサンダーソン家に有利な認定を行い、250ドルの損害賠償が提供された。当事者いずれもこれに満足せず、それぞれ別個に誤審令状（writs of errors）の請求を行い、サンダーソン第二訴訟（*Sanderson II*）およびサンダーソン第三訴訟（*Sanderson III*）へと舞台を移していった。

　石炭会社側は、すでに政策論によって自然流水法理じたいを攻撃することに失敗していたので、直接的なアプローチを避け、ラッカワンナ郡では鉱山用水の排水についてこうした慣行があるとする被告側の立証を下級審が認めなかったことに誤りがあると主張した。それが立証されていれば、汚染に関する完全な抗弁であった。慣行という構成ではあったが、会社は皮肉にも、ウィンブルドン訴訟その他の囲い込み事件においてコモナーズが用いてきた、失われた授権の擬制、つまり他者の

財産に対する長期的に確立された無許可使用は、当該使用者が過去の何らかの時点でそのような財産の使用についての法的権利を授与されていたという反論の余地ない推定を生ぜしめる、という立論を用いていたのである。

サンダーソン第二訴訟の裁判所はこの立論を受け入れなかった。1880年に書かれたアイザック・ゴードン判事の意見書によれば、裁判所はサンダーソン第一訴訟におけるウッドワード判事による、工業的な企業は「公共善」に貢献しているという認定を踏襲したとし、ただし「それら企業はしかし私的利益のために設立され行為しており、公共の統制が及ばない私的権利として使用され享受されている」と指摘した。ゴードンは続いて、ペンシルバニア石炭会社のいう慣行の議論を、事実また法的根拠に基づき拒否した。事実の側面では、彼は被告の鉱山はメドウ・ブルック流域では初めての鉱山であり、原告の住宅より以前には存在せず、それゆえ普遍性の面でも長期性の面でも何らの「慣行」は存在しなかったと認定した。法の側面では、彼は鉱山がたとえ長期継続的な実務を確立していたとしても、「このような慣行は非合理的であるのみならず違法で、それゆえ無価値というべきである」と結論づけた。

最高裁はしかしこの係争を終結しなかった。というのはサンダーソン家が別個に控訴していたためで、ここへ来てついに彼らと彼らが代表していた農業的利害は、一部勝訴の繰り返しから、決定的な敗北へと一転した。彼らがもしサンダーソン第一訴訟の損害賠償額算定に満足していたならば、事件は、メドウ・ブルックをその自然な状態のままで享受する彼らの権利を容認して終わったはずであった。さらに、法的な勝利とそこそこの損害賠償という解決は、既存の法理を維持し、被害者を部分的に補償し、なおかつ鉱山の存続を可能にする妥協を成り立たせたことだろう。21世紀の法と経済学の視点で言えば、コースの想定する最善の結果、つまり負の外部性の司法による内部化、を体現していたことだろう。

しかしサンダーソン家にとっては、250ドルの損害賠償額の認定は、彼らの土地あるいはその財産権に対する被害には匹敵せず、彼らは控訴し、彼らが少なくとも5年間は市の水源から給水を受けていたため損害賠償額を減額してよいとする、公判判事による陪審員に対する指示が誤りだと主張した。サンダーソン第三訴訟において最高裁はこの主張を受け入れ、1883年、事件を民事訴訟裁判所へ差し戻し、より自由な損害賠償額算定の指示によって再審を行うよう指示した。被告は続いて二度目の誤審令状請求を行い、ペンシルバニア最高裁は四度目の審理に入ることとなった。

サンダーソン第四訴訟（Sanderson IV）の判断理由

　裁判所意見の実質的な第一パラグラフが明らかにしたように、第4次の結論はペンシルバニア石炭会社側の保護に帰した。「主たる問題はこの州における新たな影響の一つである」とする奇異な主張に続けて[21]、サイラス M. クラーク判事は裁判所の、そして社会の直面するディレンマについて厳然と語った：

　　ペンシルバニアでは年間3千万トンの無煙炭と7千万トンの瀝青炭が生産されていると述べられた。それは、したがって広範な重要性を有する問題であり、その意味で慎重に考慮され過ぎるということはない。もし損害がそのつど回復されうるならば、原状回復にせよ妨害排除にせよ、懲罰額は再発防止ないし妨害の軽減を強いるために設けられることとなろう。じっさい、こうした事例で損害賠償の請求権が認定されれば、河岸所有者の訴訟では、衡平法（equity）が適用されうるのであり、そして当裁判所の重ねてきた判例によれば疑いなく衡平法の管轄権を生じるべきである。そして継続的で修復不能な被害を根拠に、鉱山の運営全てを禁じるべきことになる。サンダーソン夫人がいかなる権利をこの水の使用について有するとしても、彼女がこの紛争でいかなる救済を獲得しうるとしても、あるいは他のコモンロー上ないし衡平法上のいかなる形態であろうとも、それはメドウ・ブルック沿岸の他のあらゆる河岸所有者の権利や救済に他ならない［ママ］。そしてメドウ・ブルックにおける所有者らの権利や救済がいかなるものであろうとも、それは当然、コモンウェルス全体のあらゆる河岸所有者の権利や利益に他ならない。

　コース流の交渉がまさに躍如である。千パーセントを超える損害賠償額の増加はすでに、石炭業界が今後続々と起こり得る下流の河岸所有者への賠償に耐えられるかの議論を生じていた。しかし懸念されていた本質的な問題は、潜在的な原告たちの金銭賠償に留まらない、差止め請求権であった。河岸の権利は財産権であり、河川の自然流水に対する権利侵害を立証しうる土地所有者は、侵害者の行為の相対的な社会的価値に関わりなく、原則として差止請求権を有する。裁判所がひとたび、水質汚染の被害者が汚染を行う石炭鉱山を閉鎖しうると認定すれば、選択は明解である。農業者の財産権を執行するか、それらを解消し工業の成長を許すかである。クラーク判事は意見書の後段で、裁判所の選択を、いかに無情にも公然と述べている：

21　サンダーソン第四訴訟判決参照。

原告の不満は個人的な不都合に過ぎない。そして単なる私的な不都合は、かく発生し、しかじかの状況にあるとしても、私的企業の支配下ではあるが偉大な公共利益に奉仕する大いなる公共的産業の必要性には、服しなければならないというのが、われわれの見解である。との意見を有する。国の大いなる天然資源の開発を促進するために、ある人々の些細な不都合は、ときには大きなコミュニティの必要性に道を譲らねばならない。

　ペンシルバニアの選択は、避けられないものだったろう。実質的に、他のあらゆる近代国家も、単純な、しかし滅多に公認されない理由で、同じ選択を行ってきた。開発途上諸国にとって、受け入れ可能なコストのみを払って、つまり既存の農業中心の経済的な権原配分を侵すことなくして、工業化は行い得ないという理由である。アメリカのような法の支配に依拠する国家で、既存の権原配分は自然流水法理のような実定的な財産法体系に深く組み込まれている。その財産権を変更することは、しかし容易ではありえない。そのことが、財産権をそれらしめている。それゆえ、われわれにとっての関心事は、選択ではなく、選択の方法なのであり、そこにこそサンダーソン第四訴訟判決の特徴がある。それは重要な財産権を、そしてそのもたらしていた富を、ある社会階層から他へと転換した。それゆえ、クラーク判事の意見にさらに立ち入ることが有意義である。というのは、彼の上記の判示は決定を導いた動因であったが、彼の判示の理由書は、経済成長における司法の重要な役割を実証したためである。

　サンダーソン家はメドウ・ブルックの「自然の」流水に法的権利を有していた。石炭鉱山と工業化を継続させるためには、それゆえ、ペンシルバニア州は立法を通じて財産権法を明示的に変更するか、あるいは、灌漑配水管を腐食させるまでに有害な水流を自然であると見なすしかなかった。事実はいかに不合理に見えるとしても、司法による民主主義政治の操作という選択は、避けられないことだったろう。財産権秩序を農業利益から工業利益へと転換する立法は、19世紀アメリカの文脈では困難であったはずである。その理由は、財産権秩序の包括的な立法による解消が一般的に不可能で、例がないからではない。むしろ逆に、それはアメリカの法制史において繰り返し起こってきたことである。

　おそらく最も初期の、最も重大な例は、1793年の交流禁止法（Non-Intercourse Act）であり、議会はアメリカン・インディアンによる連邦政府以外の主体への土地売却を禁止した[22]。インディアンからの土地購入者が、自然法とインディアンの財産権の減少を禁じた憲法規定の双方を援用した事例であるジョンソン対マッキントッシュ

（*Johnson v. M'Intosh*）事件で、マーシャル裁判長は「創造主が彼の創造物である人の心に刻み込んだ、そして文明化された国々の権利を大幅に規制することが認められている、抽象的正義の原則」は、この事件を決定づける規則とはなり得ず、なし得ないと認定した。むしろ彼は、「征服者の裁判所が否認できない権原を議会は与える」とする、避けられない、しかし全く不明瞭な根拠により、立法を認容した[23]。

　しかし、こうした立法府の率直さと司法府の正直さは、以下の2つの重要な理由で、サンダーソン訴訟では機能しそうもない。第一に、アメリカ原住民の例と異なり、農業的利益は政治的に無力ではない。多くの農民がおり、とくに男性は投票権がある。たとえ農業者の汚染されない水への権利が政治過程で奪われうるとしても、しかしなお、立法府は違憲的な財産権の収用に関する司法審査に直面するおそれがある。連邦および州の憲法は、公共的使用のための財産の剥奪を認めつつも、所有者は正当に補償されねばならないと要求する。インディアンと異なり、農民たちは征服者の一部であって、被征服民ではない。既存の財産権は解消されうるとする立法府の明確な宣言は、ペンシルバニア最高裁にとってその解消を承認することを逆説的に一層難しくしたといえよう。司法制度の透明性と誠実が、法の支配のレトリックにとって安定的な教義であるとすれば、この事例においてそれは端的に得難いものとなった。

　そこでクラーク判事は、マーシャル裁判長とは真逆に、知的に不誠実な意見を書いたのであり、高度に汚染されたメドウ・ブルックを自然流水だと宣言したのである。

22　同法の関連個所では、「合衆国の境界内におけるいかなるインディアンまたはインディアンの国や部族からの、土地あるいはそれに関するあらゆる権原や請求権のいかなる購入や譲許も、憲法に基づき締結された協定・条約によって行われたものでないかぎり、コモンロー上あるいはエクイティ上の有効性は持たない…」。Act of March 1, 1793, Pub. L. No. 2-19, § 8, 1, Stat. 329, 330 頁参照。

23　*Johnson* v. *M'Intosh*, 21 US 543（1823）。正確を期すならば、ジョンソン（*Johnson*）判決は、国家以外に対するインディアンの土地移転を禁ずる慣行は、新大陸発見の時代の当初から存在し、それゆえ、公益禁止法は新たな法を形成したというよりも、単に既存の慣行を明文化したのみであると判示した。マーシャル判事が次のように強調したことは重要である。「人間性」ゆえに、「被征服者たちが恣に抑圧されるべきではなく、戦勝国に組み入れられ、属することとなった政府の臣民ないし市民として遇されるべきこと」を要求したので、征服された側は必ずしも彼らの財産権を失ったわけではないと。「社会の新規メンバーは古参のメンバーと融合しあい、相違はしだいに失われ、彼らは一つの国民となった」と。マーシャル判事はしかし、18世紀から19世紀のアメリカの文脈においては、そのような融合は不可能であったと結論づけた。Maria E. Montoya, Translating Property Rights: The Maxwell Land Grant and the Conflict over Land in the American West, 1840–1900（Berkeley: University of California Press, 2002）参照。また Stuart Banner, How the Indians Lost their Land: Law and Power on the Frontier（Cambridge: Harvard University Press, 2005）をも参照のこと。Banner 著は、ジョンソン判決に至るイギリスやアメリカの政策はインディアンの完全な財産権を認定していたが、彼らの土地はマーシャル判事の主張したような征服によって獲得されたのではなく、購入によってであったと論じている。Banner はしかし、法の使用にことさら注目することによって、そのプロセスの核心における強制の事実から目を背けるべきではないと、次のように強調する。「物理的力による威嚇は常時存在したのであり、しかし通常は必要とされることがなかったので、視野の外に置かれていた」。前掲 Banner, 82-3 頁参照。この意味では、インディアンの剥奪は、囲い込みのより加速されたバージョンともいうべく、白人アメリカ人によってその全人口の立ち退きを余儀なくされながら、すべてが正当と見なされることを可能にしていた。

彼は第一に、基本的な規範として、「被告は、土地所有者として、石炭を採掘する権利を有していた」と述べた。続いて彼の意見は、こじれた論点である自然性に立ち入っていく:

> 被告は自らの財産の自然の使用と享受によってもたらされた結果を除けば、水の性格を変化させ、あるいはその純度を減少させるような何らの行為も行っていないことを認定できる。彼らは土地上に人工的な何ものをも持ち込んでいない。メドウ・ブルックに流れ込んだ水は、鉱山から自然に流れ出された水である。その不純の問題は自然の、つまり人工的にではない原因から発生したのである。

人工的か自然かの対照は、意見のライトモチーフとなっている:

> ドリフト［掘削軸］はある意味では土地の人工的な開削であり、純然たる自然の原因によるよりも大量の給水や排水を行う。しかしドリフトによる採掘は、土地の自然の使用であると…判示されてきた。したがって、同様に現在の採掘実務に基づき、地層下部での軸索の働きも…土地の自然の使用権と理解されねばならないとわれわれは考える。また、水は重両区のみでは排水され得ないため、地表へ人工的方法で引き上げられ、その後に自然の水路を通じて郡の排水路へと排水されることが必要である。

ひとたびクラーク判事の「自然」の性格づけを読者が受け入れるならば、彼の論理は難攻不落のものとなる。採掘が石炭産地における自然の使用とされるので、軸索に蓄積された水も自然にそこにあることとなる。また被告は土地上に何らのものを持ち込んでいないので、結果としての汚染もまた自然である。唯一の残る問題は、「人工的方法で地表へ引き上げられること」、すなわち、水を軸索から小川へ排水するためのポンプの使用であったが、裁判所はこの問題を、汚染された水の一部がメドウ・ブルックに「単なる重力により、自然に、被告の何らの過ちなくして」到達したと仮定することで、片づけた。だとすれば、ポンプの吸い上げで生み出された汚染水も、すでに自然の重力のみによって自然に鉱山から流れ出た自然の汚染水が引き起こした被害に、追加の損傷を加えるだけのことだということになる。

司法の詭弁、政治的正統性、そして社会変化

19世紀は、アメリカの裁判官が法を執行するためだけではなく、社会変化を促

進するために行動した時代であった。産業や富裕層に公的補助を行っている—富裕層が貧困層に対して起こすアメリカ版の囲い込み革命—と非難されるべきか、あるいは取引費用の問題を明断したと賞賛されるべきかに拘らず、裁判官の目標は経済成長であり、既往の財産権法の変革はその目標を達成する重要な手段であった：

> 経済開発の精神は、19世紀初頭にアメリカ社会を席巻し出した。…財産という概念は根本的な変容を経験することとなった。—所有者に妨害されない享受を保障する静的な農村的な概念から、生産的利用と開発という新たな最高位の美徳を強調する、動的で道具主義的でより抽象的な財産の観念へと[24]。

サンダーソン事件は、癖があり変転を繰り返した独特な事件ではあったが、この社会変化を如実に示している。サンダーソン第一訴訟は、われわれが尊重し改善に努めるよう教育を受けたところの法を体現していた。そこでは法理が実施され、まさにスカリア判事が表現した「支配の法としての法の支配」であった[25]。サンダーソン家は清潔な水に対する財産権を有し、その権利が執行されると期待して投資を行ない、そして裁判所は彼らが期待し、請求の『権利』を有していたとおりに正確に応えた。それはサンダーソン家にとっての正義であるのみならず、少なくとも正統派の人智によれば経済成長や社会進歩にとっての秘訣とされてきた。しかしサンダーソン第四訴訟によって、上述のように、サンダーソン第一訴訟で最高裁が覆した当初のルザーン郡民事訴訟裁判所におけるスタントン判事による原告の財産権の否定が、いまや法となったのであり、産業界は、既存の財産権によって揺籃期に絞め殺される恐れから解放された。この変容がいかにして達成されたか、とくにそれがいかにして法的正統性を伴って行われたかを理解するために、われわれは当時の見解に立ち返り、それらの文脈や影響を検証せねばならない。

第一段階では、そのプロセスは政治的であり、法的ではなかった。1878年のサンダーソン第一訴訟と1886年のサンダーソン第四訴訟との8年間の差は、ペンシルバニア最高裁の判事たちによる中核的な法理の変更によるものではなかった。それは裁判所の政治的な再編の結果であった。裁判所の見解が転換したように見えるが、実は同じ裁判所ではなかったのである。7名のうち3名の判事が交代していた。サンダーソン家にとって6対1で勝訴であった結論が、石炭会社にとって4

24　前掲 Horwitz, *Transformation*, 31頁参照。また前掲 Nelson, *Americanization*, 162頁では「資源の希少性や新型の技術により、初期の開発者が経済的資源を社会全体にとって最も収益性が高い方法で活用できるとは限らないような経済が作り出された今となっては、伝統的法理による排他的財産権の認知は、経済開発を不能にしたおそれがある。そのため、伝統的な法律は拒絶されたのである」としている。

対3の勝訴に転じた。そしてそれは、主にある一人の人物に帰せられる変化であった。

　ヘンリー M. ホイトは影響力のある連合軍の元将軍で、共和党の著名な弁護士だった[26]。彼はルザーン郡の出身で、ペンシルバニア石炭会社に裁判の初回抗弁の際に弁護士として雇用された。ホイトはサンダーソン第二訴訟とサンダーソン第三訴訟の当時、ペンシルバニア州知事を務めていたので、事件に拘らなかった。任期は一期に限られていたので、彼は1883年には法曹界に戻り、サンダーソン第四訴訟では再び石炭会社を代弁した。このたびは最高裁はジェームス P. スターレット、ヘンリー・グリーン、そしてサンダーソン第四訴訟の執筆者であるサイラス M. クラークの新たな3名の判事を擁しており、その全員が彼の親しい友人ないしは政治的な同胞であった。

　スターレット判事は1877年に共和党から指名され、1878年に裁判所に選任されたが、ホイトが知事に就任したのと同時期であった[27]。1879年にホイトは、堅固な財産権擁護論者でサンダーソン第一訴訟の執筆者であったが他界していたウッドワード判事の後継として、グリーン判事を任命した[28]。1882年の選挙でクラーク判事が選任され、石炭産業に深く依存するインディアナ郡からの民主党候補として選任された[29]。そのため、ホイトが8年前と実質的に同様の議論を携えてサンダーソン第四訴訟の法廷に現れた際には、彼は、穏健な言い方をすれば、以前よりも受け入れられやすい裁判所に立ったのであった。

　サンダーソン訴訟における「法の支配」の問題は、この悪しき政治的性格に留まらない。ジョンソン対マッキントッシュ事件におけるマーシャル判事の意見は全面的に政治的な道具主義であった。じっさいマーシャルの「征服は、征服者の裁判所が否認し難い権原を与える」の言は、われわれの通常の法学的なもの言いより以上に、毛沢東の「革命は銃口から生まれる」の言を想起させる。しかし、マーシャル意見は倫理的・知的な誠実さを有していたが、クラークには微塵もない。マーシャルは真実を、不正を、すべてを語った。21世紀にその意見書を読む者が誰しも感動を覚えざるを得ないのは、マーシャルが二百年近く前、明らかにその執筆に苦しんだ跡が伺われるためである。これに対してサンダーソン第四訴訟を読んだ19世

25　Antonin Scalia, "The Rule of Law as a Law of Rules," University of Chicago Law Review 56 (1989): 1175頁参照。
26　Gov. Henry M. Hoyt（www.portal.state.pa.us/portal/server.pt/community/1879-1951/4284/henry_martyn_hoyt/468314）参照。
27　Frank M. Eastman, *Courts and Lawyers of Pennsylvania: A History* (New York, 1922), 514頁。
28　前注515頁。
29　前注。

紀の石炭王は、ただ単に、正義が行われたという満足を得たのみだったろう。一般のペンシルバニア市民も、クラーク判事の公害が自然であるという立論にこそおそらく違和感を覚えたとしても、その意見が代弁した深層の変化には気付かなかったと思われる。言い換えれば、マーシャル判事は何が犠牲となりつつあるかのみならず、それがいかに、またなぜ失われつつあるのかをも認識しようとして、率直かつ誠実であった。しかしクラーク判事は対照的に、欺罔的で操作的であるのみならず、サンダーソン家が貪欲にも「単なる個人的な不都合」を避けるために「大いなる公共的産業」を追い込もうとしているとして、叱ることすらしたのである。

　しかしでは、マーシャル判事の透明性を賞賛し、クラーク判事の暗黒さを非難するべしということだろうか？　もし、法規則が明解で、裁判官が有能・誠実であるのみならず訴訟の文脈と結論に無知ないし無関心であって、官僚や警察やその他の法制度が中学校の公民の教科書に描かれたとおりに機能しているような（つまりデムセッツの指摘した非現実的な5つの仮説がすべて満たされるような）、法制度についての楽天的な見解を抱くならば、結論はイエスでなくてはならない。その架空の世界では、われわれは透明性の高い司法というイデオロギー的満足を得ることができる。もちろん、もしそんな世界に我々が生きていればそもそも司法制度など必要ないだろうが。しかし善かれ悪しかれ、法制度は、市場と同程度以上にそうした機能を果たすことはない。つまり両者ともそのようには機能しないのである。そして不完全な世界での、われわれの司法の目標は、社会的費用を減じながら進歩を促すことである。

　このような高調子の劇的顚末をすべてホイト知事に帰することは馬鹿げているが、サンダーソン第四訴訟の影響はおおよそその結果である。判決は、財産権と富を、政治的に定着した農業的利害から、より生産的な産業利益へと変換させ、しかもそのような変化を制度全般の正統性を棄損することなく成し遂げた。もしクラーク判事がジョンソン判決におけるマーシャル判事と同程度に率直であったなら、社会一般は、ましてや農業利害関係者は、押し付けられた犠牲が必然であるとは容易に受け入れたと思われない。起こり得た状況は政治的な膠着状態であり、最終的には同様の帰結に至るとしても、その間に社会秩序を形成する政治的・法的システムの正統性が減じていたことであろう。1952 ～ 3 年のアリゾナ州における*Bristor* v. *Cheatham* 事件はそのような率直さの潜在的なコストを物語っていよう[30]。

　サンダーソン訴訟と同様に、ブリストル（*Bristor*）事件も水をめぐる係争であり、最高裁が経済・技術的変化に対応して財産権を解消した事例であった。アリゾナで

当時、また今もなお流布してきた水法理は、先行者優先主義である。ペンシルバニア他の水の豊かな東部諸州における自然流水と合理的使用に基づく水法理とは異なり、先行者優先主義では、水は土地から切り離され、公共財とみなされ、そして誰であれ最初に利用した者に充当される。法理として、また実益においても差異は顕著である。沿岸の自然流水法理の管轄地域では、隣接土地の所有者が、土地所有権に本来的に付随して水の利用の財産権を有する。先行者優先主義では、隣接地の所有権者は沿岸の流水に何らの権利も持たない。代わって、公共社会のいかなる成員も、最初に水の利用を開始することでその所有権を獲得できる。その結果、最初の利用開始の日付を起点とする優先権の配分スケジュール次第で、水に対する権利の高度な規則体系が可能となる。

先行者優先主義の唯一の例外は、地下水であり、それがブリストル事件での焦点であった。アリゾナが先行者優先体制を成立させた19世紀には、地下水は重要ではなく無視されていたので、ポンプ技術が容易で安価な地下水を提供開始した1904年以前には、アリゾナ最高裁は既存のコモンロー上の*ad coelum*法理、つまり地表の土地利用者に地下水の「絶対的な所有権」を与える法理を適用していた。その他全ての水資源が公共財であって厳しく規制されていたなかで、極めて対照的に、地下水だけは私有であり無規制であった。しかし地表水の供給が減少し、強力なポンプが地下の帯水層を使い尽くすに連れて、多様な利益団体が地下水の「採掘」に対する規制立法を要求した。1940年代までは農業が傾きながらも経済の一部門であったため、利害の集中した反対派、とくに綿生産者たちが効果的な立法を阻止した。ブリストル第一判決の舞台はかくして設定された。

サンダーソン家と同様に、ブリストルと彼の同僚原告たちは、係争対象である水の確立された使用について保護を求めた。それが地表水であったならば、彼らの先行使用が彼らを保護したはずであったが、係争の水は地下水であって、つまり被告チーサムは彼のポンプが地上へ吸い上げられるかぎり取水できることを意味した。州の司法長官、住宅開発業者、また既存の井戸を保有する古い農業利害関係を含む何名かの有力な『法廷の友人』（amici curiae）の助けを得て、原告側は裁判所を説得し、1952年1月12日付判断は3対2で地下水は公共に属し、先行者優先主義に復すると宣言した。

30　*Bristor* v. *Cheatham I*, 73 Ariz. 228, 240 P. 2d 185（1952）、および*Bristor* v. *Cheatham II*, 75 Ariz 227, 255 P. 2d 173（1953）. 背景について、Dean E. Mann, "Law and Politics of Ground Water in Arizona," *Arizona Law Review* 2（1960）: 241, and Walter Rusinek, "Conflict over Ground Water in Arizona," *Arizona and the West* 27:2（1985）: 143 参照。

M'Intosh 裁判におけるマーシャル判事と同様、ブリストル第一判決の多数意見は、問題に正面から向き合った。新しいポンプ技術が現状の危機をさらに悪化させていたことを認識しつつ、彼らは「現在の地下水の獲得競争を、規制も統制もなく変わらず続けていくことを許せば、間違いなく地下水は消尽し、経済的な災害に帰結しよう」と宣言した［235 頁］。かつて航空業を成り立たせるべく実施された、天空に及ぶ（*ad coelum*）空中権の全面的解消に言及しながら、彼らは技術や経済の変化が財産法の付随的な変化を要請しているとする見解を隠さなかった：

> 土地所有者は下は地球の中心まで上は空の果てまですべてを所有するとするコモンローの観念は、法の中核を成していたが、今日とは到底異なる状況の下でであった。じっさい、科学的な進歩により、それは現在の状況に全く適合しないものとなっている。

反応は直ちに、そして破壊的なものであった。アーサー・ラプラーデ判事の反対意見は、多数派の決定を「巨大な原子爆弾をわれわれの中心に落下させた」となぞらえ、「この州の経済に対するその影響はあまりに甚大で破壊的であり、今日誰もその効果を想定できないほどである」と警告を発した［243 頁］。しかしラプラーデやその他を憤慨させたものは経済的影響ばかりではなかった。財産権は、たとえ非効率的であったとしても、維持されねばならない：

> 法の原則が確立されている場合は…、それは裁判所を拘束し、そして遵守されねばならない。…裁判所の義務は…、もし争点が新たに提示されたとしたらどのように判断するであろうかに頓着することなく、そうした決定に従うことである。…そのような通常遵守される確定的判断はたとえそれらが『間違っていても適用される』という決まりは、『特定の効力を有する現実の財産に関わる決定にも適用される』［『』内の強調は原文のとおり］。

ラプラーデは、おそらく彼の経済的な警鐘以上に、彼の法学的な懸念について、支持を集めた。農民防衛協会は、もともとコットン畑における児童労働規制法の拡張に反対するために結成されていた団体だが、ただちに資金投入して、再審へ向けたキャンペーンを開始した。政治的圧力は高まり、そこには多数派による正義に対する物理的危害の懸念が含まれていた。そして2月末までに、つまりブリストル第一判決のわずか数週間後に、裁判所は再審を決定した。翌3月、ブリストル第二判決は3対2で決定を覆したが、驚く者はなかった。クレモント・スタンフォード裁判長は、元・州知事であって「忠実な友としてしばしば情実を避けられない」と評さ

れていたが、投票を覆し、浸透する地下水の絶対的所有権は守られた[31]。

その後続いたのは、地下水の枯渇のみならず、政治的な行き詰まりであった。地下水に対する絶対的な所有権がアリゾナの開発を阻んでいるとする幅広いコンセンサスに拘らず、立法府の対応は行き詰ったのであり、「完全な袋小路に至った」[32]。立法対応が行われたのは、1980年地下水管理法に至って初めてであった。その間、農村型から都市型へのシフトが完了し、それまでには最高裁も、避けようのない財産権関連の異議の却下に悩まされることが少なくなっていた[33]。ある評論家によれば、裁判所は単純に「8年前の判例を一掃し」、また同じく単純に「土地所有者が地下の水に財産権を有するという発想を却下した」[34]。ブリストル第一判決で当初試みられた財産権の解消は遂に完成し、しかし抗議はなかった。じっさい、「ほとんどの住民はそれが起こったことすら気づいていなかった」[35]。時を経て、法はついに、追いついたのである。

問題の本質は、もしブリストル第一判決が踏襲されていたらアリゾナにとってより良い結果となっていたか、一つまりわれわれの言い方では、より開発に成功できたか一ではない。遅かれ早かれ、地下水に対する制限のない私的所有権は解消されねばならなかった。民主主義プロセスを通じてでなれば、司法行為を通じて。そして結局そうなった。われわれにとって重要なことはブリストル第一判決とサンダーソン第四判決が代表した、現状を変えるための2つの対照的な司法アプローチである。前者は根本的な課題に直接対応し、価値判断について率直である。そのため、それは失敗した。後者は隠ぺいし、そして成功した。

詭弁は、もちろん常に必要なわけではないだろう。もし法的な所有者が、アメリカン・インディアンの場合のように何ら力を有さなければ、誠実で透明な司法は可能である。同様に、もし失われるものが少なく総利益が大きいならば、明らかな財産権の解消であってもそのプロセスはスムーズなものとなろう。そうした状況は1980年までのアリゾナの地下水について言えたし、連邦議会が1926年航空通商法や1938年民間航空法によってアメリカ全土のすべての土地所有権者の天空へ及ぶ(*ad coelom*) 空中権を解消した際にもしかりであった[36]。同じく、1998年に第9巡回

---

31 前掲 Rusinek,"Conflict over Ground Water," 156 頁。
32 前掲 Mann,"Law and Politics,"262 頁。
33 Town of Chino v. Prescott 131 Ariz. 78, 638 P. 2d. 1324 (1981)。
34 Rusinek,"Conflict over Ground Water," 161 頁。
35 前注 162 頁。
36 Pub. L. No. 69–254, 44 Stat. 568、および ch. 601, 52 Stat. 973 (制定後に改正され 49 USC § 401 (1940) 他の複数の箇所に含まれている)。その引用と検討として、Troy A. Rule, "Airspace in an Age of Drones,"*Boston University Law Review* 95 (2015): 155, 166-7 頁参照。

区控訴裁判所（Ninth Circuit Court of Appeals）が、ドメイン名の占拠売買の常習者（cyber squatter）であるデニス・トーペンスの適正に登録されたインターネット上のドメイン・ネーム「panavision.com」に関するパナビジョン（Panavision）判決において、あたかも財産権の有効性が目的の規範的許容性に依存するという判例を連邦司法が重ねて来ていたかのように、突如、登録は悪意でなされており無効であるとする判断を行った際も、しかりであった[37]。

　もちろん現実の理由は、倫理性ではなく経済である。土地所有権者が高い高度の航行を阻む権利は、機会主義的なサイバー・スクワッターが企業のインターネット上の取引名の使用を阻止する権利と同様に、社会的に無価値である。それらは元来、抽象的な法の世界の権利であったが、新技術の生産的な活用を脅かすようになったとき、安易に消滅することとなった。ただし、これらは何万もの安易な消滅、財産権として気づかれることすらなかった財産権の消滅の、代表である。それこそ、財産権がいかに衰弱し非効率であれ真の利益を保障しようとする局面であり、これに対して社会は、サンダーソン裁判におけるような狡猾な工夫を必要とするのであろう。

法、財産権、そして創造的な解体

　囲い込み運動と19世紀アメリカの水法を回顧するとき、魔法の数式こそないが、論争の余地のないいくつかの結論は得られると思われる。第一に、失われたものは、既存の生産活動や生活様式を保障するための財産の権原賦与についての法的・社会的な枠組みである。第二に、古い財産体系は、社会を新たな富への機会に対応させるために捨て去られるということである。第三に、両者のプロセスの最終的結果は、その時代の視点からすれば、少なくとも社会の純成長である。

　これらの現象の規範的価値について、批判することは可能だ。農奴やその他の底層の人々の運命はいかなる基準に照らしても残忍なものであって、謄本土地保有者たちですら意に反して人生の変容を余儀なくされ、以前より改善はあり得なかった。サンダーソン家もまた断固として不運に向き合い、思えば長期の産業汚染による彼らの負担は相当なものであったに違いなく、また権力者の利害に奉仕して法を捻じ曲げる裁判官の姿に、司法の役割に関心を有する誰もが難色を示すはずだ。のみ

37　*Panavision I* 訴訟 938 F. Supp. 616（C. C. Cal. 1996）、また認容判決である 141 F.3d 1316（9th Cir. 1998）参照。また *Kremen* v. *Cohen*, 337 F.3d 1024（2003）参照（ドメイン・ネームはカリフォルニアの不法行為法にいう改造の対象となる無体財産権の一つだとした）。

ならず、サンダーソン家の財産権の全面的な否定までは必要ではなかったはずである。裁判所は石炭採掘の地域を限定し農業的利益に対する直接の損害を減じるか、あるいは、当時はすでに実施されていなかったが損害賠償の方法としての枠内で衡平法上の裁量権を復権して、差止を命じることもできたであろう。じっさい、ペンシルバニアにおける後続の裁判では、サンダーソン訴訟の判示を「巧妙なはぐらかし」によって「削り込んだ」が、それはまさに2世紀前のゲイトワード訴訟以降の裁判所の対応と同様である[38]。

　にも拘らず、16世紀イギリスの自給自足農業に、あるいは18世紀アメリカの田園生活に戻りたいと思う者は少ない。だから今やわれわれは、失われたもの、つまり安定的社会の確立された期待への眼差しを転じて、作り出されたものを見つめるべきである。それは第一に、当然な新たな財産体系が加速した成長による物質的な幸福の増大である。功利主義的見地からすれば、それだけでも十分に個人的損失を埋めて余りあるのだが、しかし物質的な進歩以外にも作り出されたものはもっとある。これらの事件は経済的に廃れた財産の権原関係を解消したが、社会構造を深刻に弱めることなく、体制の正統性を期待に晒すこともなくそれは行われた。じっさい、逆もまた真である。囲い込みも19世紀アメリカの変容も、より生産性の高い体制のイデオロギー的な基礎をなす、新しい安定的な財産権を作り出した。

　イデオロギーは重要である。上述したように、ノースは、市場が機能するために必要な規範秩序の基礎をなす適切なイデオロギーを特定し、それを実定法規の内容より以上に重要なものだと考えた。政治的側面では、バーリントン・ムーアが、囲い込みを民主主義への階梯に他ならないと見た。囲い込みはイギリスの大多数の大衆を、経済的には最低線の安定を保障しながらも民主主義的な発展の基礎にはなり得なかったであろう重苦しい封建的関係から、解き放った。のみならず、農民に対する剥奪の法的性格は、弱者による強者に対する勝利がしばしば起こったことにみるように、政治的教育の一形態でもあった。長期的にはそれは弱者の保護に失敗したけれども、―じっさい法は剥奪の中心的な手段であった―しかし剥奪を遅らせ、その変容プロセスにおける法制度の正統性を守った。

　カール・ポランニー（Karl Polanyi）は、この表面的には皮肉な顛末の積極的な面を、以下のように的確に表現した：

38　N.I.S.G.,"Mines – Natural Use – Limitation of the Sanderson Case,"University of Pennsylvania Law Review 62:3（1913-1914）: 212頁参照。裁判所が革新的な救済を提供しうることを例示する2つの著名な20世紀アメリカの公害訴訟として、1970年のBoomer v. Atlantic Cement訴訟（26 N.Y.2d 219頁, 309 N.Y.2d 312頁, 257 N.E.2d 870頁、および1972年のSpur v. Del Webb訴訟（108 Ariz. 178, 494 P.2d 700頁）参照。

なぜ事象の究極的な勝利が、進展を遅らせる努力が有効でなかったことの証拠とされてしまうのだろうか？　なぜこれら措置の目的が、その実際に達成したところ、つまり変化の度合いを遅らせた点において、正確に評価されないのだろうか？　一連の開発のすべてを止めることに有効ではなかったということは、その意味で、全く有効でなかったということにはならないのだ[39]。

　E. P. トンプソンはさらに進んで、所有権者らが法をコモナーズを排除するために用いたことが、法の支配を形成したのだと論じた。彼はそれが「普遍的な重要性の文化的達成」であったと主張した[40]。

　　自らも法の支配に服し、その形式の公平性と普遍性に正統性を依存する支配階層は、彼らの理想形を投影するために莫大な努力を払った。為政者は、真の意味で、望むと望まざるとに拘らず、彼ら自身のレトリックの囚われ人である。彼らは権力ゲームを、彼ら自身が馴染んだルールによって行うのだが、彼らもルールに違反できず、さもなくばゲームは全て霧消してしまうのだ[41]。

　サンダーソン事件あるいは19世紀アメリカ法を、いまだかつて、こうまで高揚した用語で表現した者はない。左派の評論家らは、コモンローの判事たちの革新的な役割を認識しているが、しかし彼らの議論が富の再分配の不当に帰したことを問題とする。より経済的観点からの議論は、法変化を、単に取引費用を減らし、市場がかくあれかしと思うまま機能させるためのものとみなしている。いずれの議論も、法理からの遊離を問題視することはなかった。財産権の強固な擁護者であってのちに連邦巡回裁判所判事となったステファン F. ウィリアムズですら、効率的な財産権を、あらゆる社会にとっての期待目標と見なしていた：「社会が、総計的な効用の最大化を目標とみなすことなく長期的に存続できたとは、ほとんど信じがたい…少なくとも」司法解釈に関わる限りでは[42]。第三の視点は、抑圧的な社会構造からの解放という政治的な希望の兆しを見出す立場であり、資本主義者のみならず：

　　植民地期は、すべての人が同一の価値を共有し、コミュニティが受け入れる価値に従うことを拒む者は頻繁に刑事訴追すべしとの期待があった。19世紀までには、すべての人が同一の価値観を共有すると期待する者は稀となり、

39　前掲 Polanyi, *Great Transformation*, 36 頁。
40　Thompson, *Whigs and Hunters: The Origin of the Black Act* (New York: Pantheon, 1975), 264 頁。
41　前注 263 頁。
42　前掲 Williams, "Book Review," 1202 頁。強調箇所は原文による。

　　倫理的規律の違反に対してほとんど刑事訴追も行われなかった[43]。

　規範的判断がいかなるものであれ、プロセスは同じであった。それは深層における変化であり、しばしば正義に反し、しかし暴動や、敗者の生活を悪化させるまでの混乱はなかった。

　ここにおいて、法と開発の今日的争点への関連性を見出すことができる。豊かになるために（あるいは少なくともこれ以上貧困とならぬために）、今日の最貧諸国は彼らの社会と経済を成長機会に対応すべく、イギリスやアメリカがずっと以前に行ったと実質的には同様に、変容させることが必須である。彼らの既存の経済構造は解体され、新たにより生産性の高いものに置換されねばならない。中国について後述するように、法は必要条件ではないが、しかし法の潜在的に積極的な役割は、囲い込み運動やサンダーソン事件が示したとおりであり、それは皮肉にも「古風な」財産権を擁護するためではなく、「合理的な」それによって置き換えるプロセスを正統化するためのものである。

　囲い込みやアメリカの工業化過程における人の営みの成果は革命的であったが、そのプロセスはそうではなかった。それは法的であって、暴力的ではなかった。人々の生活は根本的に変化し、多くのそれは悪化したが、しかし流血の紛争は少数であった。変化は漸進的であり、急ではなかった。被害者の将来は失われたが、多くの者は現状にしがみつき、新たな将来に適応するために奮闘した。おそらく最も重要なことは、そのプロセスが既存のシステムの正統な機能として提示されたことである。それらは事実、システムの一部であった。いずれの例においても、法は強者によって、その利益のために変更されていたが、しかし直接的な勝利の宣言としてではなく、たとえ部分的で冷淡で一時的あったとしても、弱者の物質的ふつうそれと同等に重要な尊厳に係る利益を保護するプロセスを通じてであった。

　以上でわれわれは、社会全般が新たな経済的機会に対応できるよう、イギリスのコモナーズやアメリカの農民がいかに財産権の喪失を迫られたかを見てきた。第5章や第6章でみる中国やカンボジアの事例では、そのプロセスが今日も続いていることを見出すであろう。しかし財産権とその解消は、サンダーソン事件や囲い込みで示されたように、経済的機能と同時に否応なく政治的な機能を伴い、必ずしも単純な経済成長の追求手段ではない。そこで次章では、明らかに政治的目

43　前掲 Nelson, *Americanization*, 164 頁。

的を達成するために実施された財産権の解消のもう一つの例を検討することとしたい。戦後の日本における、土地所有者階級の消滅である。経済的に促された変化が政治的帰結を余儀なくされたと同様に、政治に動機づけられた変化がそれ自体の経済的な結果をもたらし、しかしそれは必ずしもより良い方向への結果ではなかった。

訳者注
i　訳注：イギリスでは土地上の実定的な権原としての所有権（ownership）は存在しないが、原文はここで、一物一権的な権原についての一般的呼称として「所有権」の用語を用いていると見られる。
ii　訳注：原文はここで階層的な分割所有の意味で、所有権（ownership）の用語を用いていると見られる。

4章

財産権と政治
ー日本

　前章では、イギリスとアメリカの法制度が財産法をいかに変化させたかを見た。その変化は、既存の財産権では阻まれるはずであった経済的機会を、有力な土地所有者たちが利用できるものにした。それら二つの出来事による政治的な影響はあったものの、その原動力と動機は経済的なものであった。土地所有者たちは、新興市場の需要に応えるために、近隣住民に違法な損害を与えるような方法で新技術や新製品を導入しようとした。法制度は、弱者からの収奪のために利用されたのである。本章では、経済的な視点から政治的な視点へと移行し、第二次世界大戦後の日本における土地改革を見ていく。ここでは当初から政治が支配的であり、法制度は、強者からの収奪のために利用された。

　戦後の日本は、意図的であろうとなかろうと、効率的な農業部門よりも政治的に安定的な農民を選択した。その後50年にわたる農政の中心的な原則は、最初は包括的な土地改革によって、後には小作農の復活を防ぐために農村の土地市場を厳しく制限することによって、農業を営む人々に農地の所有権を保障することだった。この政策は、それ自体としては、明らかに成功であった。日本の農村は、戦後日本の民主主義の中心的柱となった。しかし、経済的な側面から見ると、その様相は大きく異なる。

　この物語は、19世紀後半における日本の農業の法的な再編成から始まる。すでに高度に商業化されていた日本は、法制度の近代化を求める欧米の圧力に直面し、世紀末までには名目上の封建的土地秩序から徹底した資本主義制度に移行した。この変化は、小作人の増加と不在地主層の出現を伴うものであった。その変化の原因や規模については議論があるが、強欲な地主があまりにも小作人から搾取したため、小作人の反発が日本の軍国主義や第二次世界大戦の主要な原因の一つになったというのが、戦後まもなくの通説であった。その後、アメリカの占領政策に押されて、当初は消極的だった政府も、戦前の日本では簡単に操られていた下層民の小作人を、啓蒙的な自由主義者の農民集団に置き換え、日本農業の新たな開花を導くことを意図して、徹底した土地改革を断行した。後で述べるように、それは想定したとおりにはうまくいかなかった。新たに独立した所有者は、保守政党の

1　大和田啓気『秘史 日本の農地改革』（東京：日本経済新聞社、1981年）11頁。

信頼できる支持者となっただけでなく、世界で最も生産性の低い農業部門の一つを
もたらした保護主義体制の熱烈な擁護者にもなったのである。

戦前日本の小作農問題

　開国前の徳川時代（1603-1867）の250年余の間、土地を売ることは違法であっ
た[1]。実際、土地所有の思想的基盤が自由主義的ではなく封建的であったため、
法的な観点から見ると、土地の私的所有権はまったく存在しなかった。また、経
済成長も市場経済も容認できる程度を超えるものではなく、政権の目標は、成長で
はなく停滞であった。このような公的なイデオロギーと法形式であったが、社会的、
経済的現実は全く異なっていた[2]。日本は19世紀までに裕福で商業化された国に
なっており、生産性の高い農業部門と、名目それ自体は異なるものの、事実上確
立された農地の担保権市場が存在していた[3]。

　それゆえ、1868年、明治政府（1867-1912）が封建的な土地秩序を「慣習的
に保有しているとみなされていた」農民の自由に譲渡できる個人の権原に置き換え
た際は[4]、法律書の内容が変わったというだけで、実際は、あまり変わらなかった。
しかし、これは、名目上、前商業的な法体系が、世紀末には完全に資本主義的
な法体系に転換するための第一段階であった。第二段階は、所有権を明確にし、
それまで課税されていなかった土地を発見することを目的とした一連の地籍調査で
あった。その結果、登記簿上の土地は48%増加し、地租が導入され、明治政府
の最初の数十年間の歳入の大半を占めることになった。

　この改革は、農民にとっては複雑なものであった。多くの農民は、土地の所有
権や売却の権利が確認され、封建制の廃止によって、農業や地方の封建的上層
部との不本意な結びつきから法的に解放された。しかし、これらの利点は、しばし
ば他の要因によって打ち消された。まず、囲い込み運動と同様に、法的な所有権
の形態は、単一の主体に対する統合された権原のみが認められた。それは、最
も重要なことに、永続的形態の永小作権を含め、他のすべての権利が排除され
ることを意味した[5]。また、所有権の帰属についても争いがあり、耕作者ではなく
抵当権者が権利証を受け取り、慣習的な所有者・債務者を実定的な小作人に転

2　同上11頁。
3　Thomas C. Smith, *The Agrarian Origins of Modern Japan* (Palo Alto, CA: Stanford University Press, 1959),
104-6頁。
4　Ronald P. Dore, *Land Reform in Japan* (New York: Schocken, 1959), 14頁。前掲大和田『秘史』12頁。
5　大沢正俊『農地所有権の理論と展開』(清文社、2005年)、49頁参照。この小作権の廃止は、社会的な不満を招き、
1898年の民法で再制定された。前掲 Dore, *Land Reform*, 16頁。

換してしまうこともあった。さらに、自作農と小作人の双方に苦痛を与えたのは、それまで柔軟だった現物税や賃料が、名目上固定された金納制に変わったことであった。このように、農業の商業化が進んだ結果、独立した自営農の割合が減少し（1890年代までに、自営農は日本の農家の約3分の1となった）、借地の割合が明治時代初めの約30%から20世紀最初の10年間には45%にまで増加したのである[6]。

明治の地主と農村の社会構造

　戦後の土地改革の原動力となったのは、この小作農の増加による政治的な影響であったが、19世紀末の社会動向と50年後の政治的事件との因果関係は、アメリカや日本の改革者が考えるほどには直線的なものでなかった。徳川時代を通じて見られた小作争議は明治時代にも続いたが、日本の農業と農村社会の性質、特に多くの地主の役割によって、完全な商業化の最初のインパクトは抑えられた[7]。他の作物と比較して、水稲農業は、1エーカーあたりの労働力を集中的に投入し、規模を拡大したり、機械化したりすることが困難であるため、少数の土地で多数の人々が働くのに適している。もちろん、カリフォルニアのように、労働コストが高く土地が安い地域では、稲作は大規模化、機械化されている。しかし、明治の日本はその逆で、土地は限られ、労働力は豊富にあった。その結果、日本の農家が過大な負担を強いられ、債権者に土地を奪われるパターンが増えたが、新しい所有者は、土地を直接管理し、奪われた農民を農業労働者として雇用するか、または、イギリスの囲い込みで多くの村人が経験したように、都市プロレタリアとして出て行かせるかするよりも、農民を小作人としてそのまま残す方が生産的だったのである。

　地主と小作農との関係は、19世紀の日本の農村の社会的、思想的状況にも合致していた。山がちな日本の地形は、村々が、政治的、経済的、社会的によく孤立することを意味した。水稲農業の特殊性から、村の連帯と相互依存が強まった。相

6　前掲大沢『理論と展開』16頁、32頁。小作地増加の原因については、議論がある。Smethurstは、強制収用や差し押さえではなく、新たな農地の開発が大きな原因であったと主張している。Richard J. Smethurst, Agricultural Development and Tenancy Disputes in Japan, 1870-1940 頁 (Princeton: Princeton University Press, 1986) を参照されたい。Yoshiaki Nishida, "Growth of the Meiji Landlord System and Tenancy Disputes after World War I: A Critique of Richard Smethurst, Agricultural Development and Tenancy Disputes in Japan, 1870-1940,"and Smethurst, "A Challenge to Orthodoxy and Its Orthodox Critics: A Reply to Nishida Yoshiaki," The Journal of Japanese Studies 15:2 (1989), 389頁及び417頁をそれぞれ参照されたい。より法的・経済的な観点からSmethurstに同調するものとして、Mark Ramseyer, "The Fable of Land Reform: Leases and Credit Markets in Occupied Japan," Journal of Economics & Management Strategy 24:4 (2015): 934頁を参照されたい。

互の協力がなければ、村は、水田を耕作する前提となる、複雑な灌漑設備を建設、維持、運営することはできない。このような物理的な条件に加え、地主自身が、新しい小作農と個人的に強いつながりを持ち、同じ社会的・文化的背景を持つ農民であったため、増加する小作権があからさまに搾取されるといった側面は大幅に緩和された。物理的な近接性とコミュニティーのネットワークは、徳川イデオロギーを支配し、明治政府が積極的に進めた国民基礎教育プログラムの中核となった、父権的な新儒教思想によって強化されたのである。明治版の新儒教は、『論語』の思想に内在するものであれ、前述した明治における村々の生産関係の役立つ道具であれ、19 世紀の水稲農業が必要とする調和、結束、敬愛を正確に強調するものであった。

　このような地理的、技術的、思想的、社会的な混合から生まれたのが、明治初期から中期にかけて急速に増加しながらも意外にも政権や社会の調和を脅かすことの少ない、小作農の形態であった。その中心は明治の地主であった。これは1893年の小作農契約書からの抜粋で、この制度の主な特徴を示している。

大滝三郎衛門（Otaki Saburoemon）［地主］へ[i]

　［ 土地の説明と指定 ... 小作料 ... 割増料 ］
　私は、今年から私たちの関係が続く限り、上記の土地の小作権を引き受けたことをここに証明します。私は、毎年 12 月 31 日までに、上記の小作料と割増料（米を市場に出荷する際の損失を補うために必要な2%の追加料金）を、厳選された（特定の）品質の米を、慎重に、良心的に梱包して、貴殿の指示する場所に納めることを約束します。
　自然現象による不作の年には、作物の検査をした上で、適切と思われる小作料の減額をお願い致します。しかし、私自身の管理不行届きによる収穫量の低下で、私自身にのみ影響がある場合は、賃料の減額を求めないことを約束します。勿論、小作権を売却したり、耕作を怠ったり、その他不当な行為は致しません。万一、私が契約を破棄した場合は、保証人が全額補償します。その際、またはそれ以外の場合でも、もし貴殿のご都合で契約が終了することになっても、私は、貴殿に対し、一言も文句を述べないことを約束します。

7　裁判所も緩和要因の一つであった。大審院は、私法に関する最高上訴審で、伝統的な小作権の法的性質や有効性をめぐる所有者との紛争で、しばしば小作人に味方し、農業の商業化の社会的影響を遅らせた。しかし、1899年に新民法が成立すると、所有者の法的地位は強化され、近代的な所有権形式よりも伝統的な所有権形式を好む裁判所の力量は弱まった。Yuka Kaneko, "New Trends in Land Dispute Resolution in Asia: Interaction between Formal and Informal Forums," unpublished paper, 14–7 頁を参照のこと。

［署名］
小作人 ...
保証人 [8].........

　大滝家は、ロナルド・ドーア（Ronald Dore）が「父権的」地主と呼んだ例である。しかし、この契約書が示すように、父権的であったとしても、心情的な部分はほとんどない。もともと正式で包括的な文書が存在したのだ。徳川時代の口約束に比べれば、この関係は法的な枠組みの中で形成されたものであった。土地、小作料、割増金、米の品質・状態、引渡しの日時・場所などが明確に規定され、小作人は小作権の譲渡権を放棄している。しかし、この契約書には、専ら商業的な契約と思われるものとは真逆の従属性が記述されているのである。それは、恩義に基づく関係を形式化するものであり、大滝家は、その期待に応え、同時期の記録にはこう記されている。

　　　［大滝氏は］裕福になったが、それに甘んじることはなかった。近隣の地主とは違い、町の風習を真似ることはなかった。主人は愛人を作らない。山高帽を買うこともない。口ひげも生やさない。豪華で高価な庭を作ることもない。趣味で盆栽を育てるが、手入れは自分でする。冠婚葬祭のときだけ、裕福な紳士の証である「長服」を着た [9]。

　地主の気取らない態度の意味を理解することが重要である。それは相対的な平等の表現であったかもしれないが、同時に経済的、社会的な支配の道具でもあったのだ。大滝三郎衛門の村では、四十五戸のうち四十戸が彼の小作地であった。明治の地主がその身分を経済的利益のために利用したことは間違いないが、社会的・経済的な力の相互依存関係から、小作人にも威厳と地位を与える必要があったのである。だから、不作のときに小作料を下げろというのは、単なる儒教的なレトリックではない。小作料は高いが、豊作の年でも減額が期待されることで、地主は常に恩義を示し、その家族集団一帯がコミュニティーの一部であることを強調することができたのである。
　小作人の立場には、他にも利点があった。小作料は固定で現物であったため、

8　前掲 Dore, *Land Reform*, 33 頁。　Dore は、明治期における不在地主ではない地主を、父権的地主、父権的・進歩的地主、父権的・進歩的・教訓的地主、及び近代的非父権的地主に分類している。前掲 *Land Reform*, 25-53 頁。
9　同上 32 頁。

耕作地を増やして生産量を増やせば、それはほとんど小作人の手元に残ることになった。つまり、一般に生産性が向上する時期には小作人が有利になり、不作の時期には賃料の大幅減額を期待できたのである。さらに、ドーアが「父権的・進歩的」、「父権的・進歩的・教訓的」と呼ぶ多くの地主が、小作人の農業技術や、後者の場合は道徳心を向上させるために尽力したという事実も、こうした財政的な特徴に加わっている。この制度は地主階級によって、また地主階級のために作られたものではあったが、好景気の際には十分に効果的に富を分配し（そして、この間の経済成長により不景気よりも好景気の方が多かった）、社会の安定と農業生産の増大を維持することができたのである。

不在地主制の台頭

しかし、この良い時期は続かず、上記のような地主をめぐる状況も続かなかった。明治末期になって、都市化した県では、父権的な地主に代わって、商業的な地主が多くなっていた。地主は、農民ではなく、または少なくとも村に住むのではなく、都会の商人や金貸しまたは都会に出た元農民が多くなり、大滝三郎衛門とは違って、「その状況に甘んじてしまった」。また、村に残っている地主の中にも、小作人への配慮に欠ける者が多く、同時代の苦情がそれを物語っている：「ある集落には、茶の湯に熱心な地主が25人いるが、堆肥小屋を建てるように勧める地主は2、3人しかいない」[10]。倹約、尊敬、勤勉といった儒教のたとえは、21世紀においては偽りで利己的なものに映るかもしれないが、彼らが村に住み、自分の盆栽を手入れしている時期においては効果的だった。彼らが、都会に出て、愛人を持ち、山高帽を見せびらかし、長服を着るようになると、レトリックではもはや経済的な片寄りを隠せなくなり、農民の対立が拡大し始めたのである[11]。

しかし、やがて「農業問題」と呼ばれるような事態を招いたのは、地主の徳の低下だけによるものではなかった[12]。世紀が変わって特に第一次世界大戦以降になると、思想的、社会的、経済的な変化によって、儒教制度は事実上崩壊した[13]。

10　同上69頁。
11　前掲大沢『理論と展開』33頁、前掲大和田『秘史』24頁。
12　前掲 Dore, *Land Reform*, 89頁。
13　法的な要因もあった。1899年の民法は、慣習的な借地権を法的に承認する範囲を狭め、伝統的な占有形態よりも正式な所有権を優先させる明治政権の姿勢を強化したのである。Kaneko, "New Trends," 16頁を参照。民法制定とそれに対する反応、特に土地法に関する法学的背景については、Colin Jones, Living Law in Japan: Social Jurisprudence in the Interwar Period, dissertation presented for the PhD in history at Columbia University, September, 2017 を参照されたい。

1918 年までに、小作人一家の平均的な世帯主は、もはや、生まれた村から出ることもない、徳川の世襲制を日本社会の自然の摂理として受け入れるように教え込まれてきた無学な農民ではなくなっていた。明治政府は、土地所有の自由化からわずか4年後の1872年、皇室以外のすべての法律上の階級を廃止し、公式に法の下の平等を宣言した。同様に重要なこととして、地主と小作人の子を区別しない義務教育制と国民皆兵制が制定された。それ以後、小作人の子たちは、富裕な隣人たち（そして他の人々）と同じ教室に座り、同じ軍隊に所属するようになった。新しい市民権の倫理は、男性村民の村外での経験とともに、地主と小作人の双方に恩恵を与え、また制約を与えることになったのである[14]。

　システムの崩壊は、第一次世界大戦末期の世界経済の動向によって社会が悪化に向かったときに始まった。それまでも階級意識の兆候は見られていたが、1917年の米の大凶作、それに続く1918年の米騒動、急速な工業化・都市化による社会の混乱、世界恐慌による農産物価格の下落などが重なり、不安定なポピュリズム思想の基盤を生み出した。その思想は、左翼のマルクス主義から、外国人排斥的な右翼の農本主義、すなわち日本の農村生活の純粋さと美徳を主張する神道的民族主義思想に至るまで、様々であった。その結果、徳川時代の一揆とは質的に異なる動揺が拡大した。新しい論争では、個々の地主が新儒教の徳目を守ることを要求するのではなく、西洋由来の新しい平等主義思想に反するという理由で、あるいは政治的に反対の立場から日本独特の美徳である農本主義から大きく逸脱しているという理由で、制度全体を非難したのである。

　このような不満の高まりは、1917年に85件であった小作権紛争の件数が、1935年には6,824件に増加したことに顕著に表れている[15]。これらの紛争は、個々の地主に対する怒りの表明ではなく、彼らの要求は、一時の窮状からの救済にとどまるものでもない。全国的に組織された小作人組合が中心となって、体系的に政治的な目標を掲げていたのである。終戦時にはほとんど知られていなかったこれらの組合は、1933年までに5,000近くまで増加し、組合員に対して厳しい統制を行うようになった。例えば、ある組合は、組合員一人一人に誓約を要求した。

1. 他の組合員が既に耕作している土地について、より高い小作料を提示して小作権を得ようとしてはならない。
2. 組合に相談せずに地主による土地返還の要求に応じてはならない。
3. 組合に連絡し、他の組合員が土地を引き継ぐよう手配することなく、小作権を

14　前掲 Dore, *Land Reform*, 55 頁。
15　同上 72 頁。

放棄してはならない。

4. 他の組合員の同意なしに、その土地の小作権を引き継いではならない。

5. 現在他の組合員が賃借している土地を購入する場合、少なくとも 1 年間は、その小作権の解約を試みてはならない [16]。

40 年前に大滝氏の小作人たちが美辞麗句を並べた儒教の徳目である仁義などは、もう十分であった。

1930 年代初頭には、明治時代に安定の柱であった日本の農村は、政権にとって最大の政治的課題となった。1920 年代には、左翼が小作人を代表して重要な役割を果たすと思われたが、1931 年の満州事変と日中戦争の始まりの頃には、神道ナショナリズムが小作人組合を圧倒して、日本の農村を農本主義に追い込むことが明白になっていたのである。1930 年代を通じて、陸軍、特にいわゆる「青年将校」は、農村における日本神話的価値の回復に尽力し、貧しい農民の苦境に同調して、都市生活の弊害に対抗するために彼らとともに支え合ったのである。農村の苦悩の名の下に、彼らは一連の暗殺を行い、民主主義政府の最後の残骸を破壊した。その結果、その後に続いた事件とも相俟って抑圧的な軍の支配する内閣が増え、1930 年代後半には軍国主義が支配するようになった。

土地改革

1920 年代の日本の民主主義政権の失敗、国内での抑圧と国外での侵略への転落は、前述の説明よりも複雑な出来事であった。ひとつは、政府が小作農を減らす必要性を認識し、戦前から戦中にかけて、この問題に対処するための法律を制定し、一定の成果を上げていたからである [17]。しかし、私たちにとってより重要なのは、戦勝国のアメリカ人も敗戦国の日本人も、日本の農村の社会的・経済的崩壊が日本の軍国主義の最も強力な要因であるという信念を共有していたことである。連合国最高司令官ダグラス・マッカーサーは、戦前の小作農を「奴隷制度に近い状態」と呼び、占領軍ソ連代表は、「反動的排外主義的軍閥の支配の主な理由の一つが、日本国内の中世の遺物の活力源、特に日本の村における封建的抑圧の存在であることはよく知られている」と述べている [18]。

16　同上 73 頁。
17　前掲 Kaneko, "New Trends," 18 頁。Smethurst らは、一般的な経済成長、都市労働市場への参入機会、土地の追加的な開墾によって、日本の農民は、主に借地を耕す農民であっても、明治時代の初めから 1930 年代まで概して生活水準の向上を享受していたと論じている。
18　前掲 Dore, *Land Reform*, 134 頁、136 頁。

明治の地主を社会安定の篤志家としてとらえる論者は、まさにその逆、つまり農村の崩壊を招いたのは封建制の台頭ではなく、その崩壊であると主張したかもしれないが、新儒教の復活につながるような時代の気風ではなかった。それどころか、敗戦直後から国内では土地改革が叫ばれ、1952年の農地法の成立によって、日本は「古い小作農制度を一掃」し、今日まで続く自作農を作り上げたのである[19]。

初期の立法

　改革はすぐに始まった。降伏から2ヵ月も経たない1945年10月、戦後初の農相が自作農を増やす方針を表明し、12月初旬には法案が国会に提出された。農地法の最終的な基準からすれば穏当なものであったが、国会議員たちは喜んではいなかった。戦争のさなかの1942年に選ばれた政治家だけあって、彼らは、地主階級の緩やかな弱体化（政府案は借地の3分の1にしか影響しなかった）が、日本の農村の伝統的な美徳を脅かし、政情不安とマルクス主義政党の台頭につながることを恐れたのである。ある議員は「なぜ地主だけを特別扱いしなければならないのか」と質問した。「天皇の子である点では平等ではないか」[20]。
　その結果、1945年12月末に成立したこの法律は、ほとんどの小作農をそのままにするだけでなく、小作人に地主と土地再分配の交渉を始めるという心理的に難しい第一歩を踏み出させ、村の社会構造が損なわれないよう不在地主を狭く定義し、地主が親族間で所有地を分割して自分の面積を増やせるよう世帯ではなく個人で所有地を計算するようになっていた。おそらく最も重要なこととして、村、県、中央の各レベルでこの法律を実施する農業委員会の議席の50%が地主のために確保されていた。
　地主の部分的な勝利は長くは続かなかった。1946年の国会議員選挙と、マッカーサーの言葉を借りれば「日本の田舎の土壌から封建的地主制の害悪を引き裂く」という連合国の圧力の高まりにより、1946年10月21日に自作農創設特別措置法が制定されたのだ。明らかな抜け道は全て排除された。地主が保有できる土地の面積を80%削減し、また、世帯を所有の単位とした。借地人と地主の直接交渉に代えて政府が地主から一方的に買い取って小作人に転売した。不在地主の定義を拡大し、村に通常居住していないすべての地主を含むものとし、さらに、農業委員会の構成を、地主と小作人との50%から、小作農50%、地主

19　Seiichi Tōbata, "Foreword" in 前掲 Dore, *Land Reform*, ixxii 頁．
20　前掲 Dore, *Land Reform*, 134 頁。

82

30%、自作農 20% へと改めた。そして、私たちの議論の目的と最も関係があることとして、地主から取り上げた土地に対する補償金（及び小作人が新しい土地に支払うべき価格）が 1945 年の価格で計算され、30 年間に渡って延長されたが、インフレですぐにとんでもなく低額になったことである。1939 年には 3,000 箱以上のタバコが買えた 4 分の 1 エーカーの良質な田んぼが、1948 年にはわずか 13 箱の価値しかなかったと、ある評論家は指摘する[21]。この補償額について保守派が異議を唱えると、大蔵大臣は経済的な不足を否定しなかった一方、この法律は単なる経済的な目的ではなく、「社会構造の変化をもたらすという政治的な目的で立案された」と反論した[22]。

実施

　大蔵大臣は正しかった。社会構造の変化は確実に、そして永続的に続いた。1941 年に 53% を超えていた小作地は、1950 年（包括的な農地法の成立の 2 年前）には 11% にまで減少した。また、小作農世帯も同様に減少し、小作地を耕作している農家は全体の 5%、土地を全く所有していない農家も 5% に過ぎなかった[23]。法制化の最初のきっかけは、連合国による内閣と国会への圧力であったが、外圧では改革実施の深化と一貫性を説明することはできない。日本の農地の半分以上を所有していた地主が土地を奪われたにもかかわらず、1947 年から 8 年の改革の最盛期に 110 件の暴力事件が発生しただけであった。また、アメリカが去った後も、その流れは止まらなかった。今日でも小作農はほとんどなく[24]、後述するように、日本の政治において自作農の思想は事実上侵すことのできないものとなっており、ほとんどの評論家はそれを美徳ではなく問題と考えているほどである。

　したがって、土地改革の実施は、農村住民と、彼らが土地改革の民主的な前提や理念をどの程度受け入れたかに大きく起因している。村レベルの農業委員会の議事録から 2 つの抜粋がこのことを物語っている。一つ目は、不在地主として扱われることを避けようとする所有者に関するものである。

委　員　長：　　O については、不在地主とするかどうか。

小作人 B：　　1945 年に村に住んでいた形跡がないから不在者として扱うべ

21　同上 139 頁。
22　石橋大蔵大臣 at 前掲 Dore, *Land Reform*, 144 頁。
23　Table 8 from 前掲 Dore, *Land Reform*, 175 頁。
24　本間正義『現代日本農業の政策過程』（東京：慶応義塾大学出版会、2015 年）82 頁。

きだ。

小作人 C: 　私たちは長いこと「同情」や「人情」に振り回されてきた。法の趣旨に沿う形で決着をつけるべきだ。

地　主 D: 　Cの言うとおり法に基づくべきだが、法の範囲内であれば、「人情」に従って解決されるべきだ。

自作農 E: 　Dの言いたいことはわかる。しかし、これまで、この村には封建制度が多すぎる。今、私たちは土地改革を行っているが、もし法の趣旨を徹底的に実行しようとするならば、Dが提案するようなことはできないと思う[25]。

　2つ目の抜粋は、ある地主が既存の小作権を解消し、自分の土地を直接支配しようとした場合に関するものである。そのためには、たとえ小作権が終了していても、小作人の同意が必要であった。

委員会書記:... 地主Lによる、現在小作人Tに貸与している土地を取り戻すための許可の申請。Tを訪問したところ、申請書にあるように、当初の契約は切れており、しかも最近は彼の妻が病気で、まともに農業をする労力がないため、彼の同意を得たと理解している。

小作人 A: どんな理由であろうとそれは表面的なもので、実際、地主と小作人の間には長年の関係があり、小作人はLに「嫌だ」と言う立場にはなりにくい。二人の現在の耕作量と、それぞれの経済状況を見てほしい。Tの方がLより土地を必要としていることは明らかである。私たちは、そのような事実関係に目を向けるべきだ。

議長（小作人）:Aの言うことが本当なら、私たちは徹底的に調査する必要があり、小作人が形式的に同意しているからというだけで、承認を与えるべきではない。

小作人 A:この件は、次回の会議に持ち越し、その間に誰かを派遣してもっと詳しく調べてもらうことを提案する[26]。

　次の会議で、地主の会員から、小作人Tは地主Lに深い恩義があり、したがってLの要求を拒否することはできないとの報告があった。そこで、委員会は、Tの承諾を得たにもかかわらず、Lの申請を却下した。

25　前掲 Dore, Land Reform, 158 頁。土地改革の核となる自作農の考え方は農本主義と戦前の右翼が共有していたものであり、このイデオロギーの一致が多くの点で過激な左翼的政策が保守的農民に受け入れられた要因であった可能性は、注目に値すると言える。

26　前掲 Dore, *Land Reform*, 157-8 頁。

1952 年農地法

　土地改革の集大成は農地法の成立であった[27]。それまでの法律を包括的に成文化したものとして保守的な反発が多く予想されたのは、特に、占領が終わり、アメリカが日本の民主化よりも冷戦の同盟国としての信頼性を重視するようになったためである。しかし、農地法は、ほぼ実質的に変わっていなかった。地主の所有を大幅に制限し、不在地主を広く定義した。最も重要なことは、政治的目標を最重要視したことである。

　　第一条　この法律は、農地はその耕作者みずからが所有することを最も適当であると認めて、耕作者の農地の取得を促進し、その権利を保護し、その他土地の農業上の利用関係を調整し、もつて耕作者の地位の安定と農業生産力の増進とを図ることを目的とする。

　生産性は、明らかに「最も適当」でもなければ、法の目的でもない[ii]。大規模な農業技術が望ましいとされた場合、それは土地の集中的な保有ではなく、独立した自作農が協力して土地の「利用関係を調整」することによって達成されるであろう。

　農地法は、日本の農民が所有者であり続けるために、土地市場を厳しく制限した。徳川時代のように法律上土地の売買を禁止するものではなかったが、実質的にはそれ以上に効果的であった。農地の取引は、すべて、地方、都道府県、中央政府の直接管理下に置かれることになったのである[28]。規定を詳細に説明する必要はないが、これらの原則は注目に値する。

1. 農地の譲渡は、賃貸も含めてすべて農業委員会の許可が必要であった。
2. 譲受人は、その土地の耕作に常時従事することができる者でなければならなかった。現時点でそのような能力がない非農業者は、将来その土地を耕すことを希望しても、禁止された。
3. 譲渡人は、自然人か農業生産法人でなければならず、後者は、特定の農家のために密接に保有されている事業体に限られた。
4. 農地を農業以外の用途に転用する場合は、都道府県知事または農林水産省の許可が必要であった（第4条）[29]。

27　前掲本間『政策過程』83 頁、前掲大和田『秘史』326 頁、前掲大沢『理論と展開』66 頁。
28　前掲本間『政策過程』84 頁。
29　前掲大沢『理論と展開』57 頁。

このような規制は、政治的にも望ましい効果をもたらした。耕作者は、自分の土地の所有権を持つことが保証された（実質的に義務付けられた）のである。戦前、従属的であったはずの小作人は、経済的、社会的、政治的地位とその独立性に激しい執着を抱く独立した自営農に置き換えられた。

　農村の貧しい人々は、最近まで極左と極右の誘惑に等しく影響されやすいと思われていたが、保守政治の主流である中流階級の支柱となり、そして、ますます不均衡が拡大する国会議員定数の配分によって、戦後約70年間の平和、繁栄、自由を通じて日本を本質的に支配してきた自民党にとって最も信頼できる支持層となった。

　後述するように、このような政治的成功に貢献した農地制限は、やがて日本や農民自身にも経済的な打撃を与えたが、土地改革による経済効果は当初は肯定的であった。その初期において生産性が向上したかどうかについては議論があるが[30]、小作人の経済的・社会的地位が向上したのは確かである。この改善の一部は、日本の消費者と競争力に害を及ぼした保護主義的な政策の結果であったが、こうした悪影響が現れたのは、改革から30年後、つまり、農地法の政治的目標が完全に達成された後であった。

司法の反応

　地主たちは、暴力に及ぶことはほとんどなかったものの、不満を抱いていた。当初の立法は、アメリカの介入によってその範囲を限定することに成功したが、彼らは1950年代まで政治的な反撃を続け、日本を支配していた保守政党の中にも多くの支持者を抱えていた。しかし、残念ながら、選挙戦は彼らにとっては不利なものであった。少数の協力的な地主と多数の敵対的な小作人からなる田舎と、自作農からなる田舎、どちらを選ぶか迫られた政党の指導者たちは、後者を選択した。

　例えば、1952年の農地法論争では、保守派の自由党の池田勇人蔵相が、土地改良によって満足な自作農が大量に生まれたことで「保守政党の理想的な地盤ができた、それを守らなければならない」と主張し、消極的な党員を取り込んだと言われている。また、同じように保守的な民主党（後に両党は合併して自由民主党となる）の議員からは、小作人の方が地主より多いので、小作人を増やすことは日本共産党の有権者を増やすだけだと指摘されている[31]。1950年代末には、政治

30　生産性が直ちに低下したという議論については、前掲 Ramseyer, "Fable," 946–54 頁を参照。
31　前掲 Dore, *Land Reform*, 422 頁。

的な賽は投げられ、日本の地主階級は姿を消し、代わりにかつての小作人が保守
的な政治家を支持するようになったのである。

　しかし、民主政治だけが反対の道だったわけではない。日本は、現在、法律
を使わない社会と言われているが、明治維新以来、西洋式の法制度によって統
治され、戦前の訴訟率は他の先進国に匹敵し、裁判所はかつて政府の施策に抵
抗する有効な手段であった[32]。さらに、1947年に日本国憲法に取って代わられる
まで施行されていた明治憲法は、その後継の憲法と同様に、私有財産権を保護
していた。そのため、地主が訴訟に走ったのも無理からぬことであった。1949年
までに、農業委員会の土地買収・再分配計画に対して10万件近い異議が申し立
てられ、2万5千件以上が県農業委員会に抗告され、4千件以上が提訴される
にいたった。そのうち119件は、土地改革が「財産権は、これを侵してはならな
い」と規定する1947年憲法第29条に違反し、国家は「公共のために用いる」
場合にのみ、「正当な補償」を条件に私有財産を収用することができると主張し
たものである。

　原告にとっては、私有地をある私人から別の私人に譲渡することは、「公共のた
めに用いる場合」にはあたらない。公共的利用の要件は、アメリカ合衆国憲法に
直接由来するものであり、国内政策の比較によって特定のケースの妥当性について
断言することはできないが、ある人の所有権を奪って別の個人に与えることは、当
時のアメリカの憲法に違反することはほぼ間違いなかっただろう。アメリカの最高裁
は、1984年のハワイ対ミッドキフ（Hawaii v. Midkiff）事件まである個人から別の個
人への土地の強制的な移転を認めなかったのである[33]。政治的、経済的な背景は
全く異なるが、この2つの事件の基本的な事実は驚くほどよく似ている。両事件とも、
政府が地主から土地を取り上げ、その借主に売却したものである。ミッドキフでは、
オアフ島の住宅用地市場の73％をもった22家族の元宣教師が支配していた土地
保有システムを排除するための移転であった。ハワイ州は、土地の寡占状態を解
消するために所有権の移転が必要であると主張し、連邦最高裁は満場一致でこれ
を認めた。

　日本の最高裁が10対4で土地改革を支持した1953年に、アメリカの裁判所が

32　実際、小作人は、明治期における土地法の実定化による伝統的な小作権の排除に対抗するため、裁判所をう
まく利用した。前掲 Kaneko, "New Trends" を参照。訴訟に対する日本人の態度に関するより一般的な議論につい
ては、Frank K. Upham, "Weak Legal Consciousness as Invented Tradition," *in Mirror of Modernity: Invented
Traditions of Modern Japan,* Stephen Vlastos ed.,（Berkeley: University of California Press, 1998), 48-64 頁。
戦後の低訴訟率の創出については、John Owen Haley, "The Myth of the Reluctant Litigant," Journal of Japanese
Studies 4（1978):359 頁を参照。
33　467 U.S.229（1984）.

どのような判決を下していたかは分からないが、この文脈で政策分析を行うのはおそらく間違いであろう。ハワイの議会は機能不全に陥った土地市場に関心を寄せていた。日本の国会は壊滅的な敗北から立ち上がり、平和的な社会革命を試みており、取引コストの軽減を図っていたわけではないのだ。よりよい比較の対象は1862年のリンカーンの奴隷解放宣言であるかもしれない。奴隷解放宣言は、一部の奴隷所有者の財産を公共利用としてではなく、南北戦争に勝つために必要な措置として取り上げることを正当化した。日本政府にとって戦争は終わっていたが、リンカーンの状況は、1980年代のハワイ州議会よりも、1940年代の日本の国会に近いと思われる。私たちの思惑にとっては残念なことに、奴隷解放宣言の合憲性は、1865年に可決されたアメリカ合衆国憲法修正第13条［奴隷制廃止］によって問題とならなくなったという単純かつ決定的な理由で、判断に至ることはなかった。

　したがって、世紀半ばの法律学からすれば、この土地改革は「公共のために用いる場合」には当たらないというのが「正解」だったのかもしれないが、これは政府の憲法問題の中では小さな方である。それよりも難しいのは、補償の水準であった。日本の地主は、現時点の市場金利で資産化した耕作者の年間推定利益に対し1945年当時の価格で計算し、課税のための公示地価の一定倍率で示された補償金を受け取った。さらに、賃料に基づく特別手当も用意されていたが、これはごく一部の土地に限られたものであった。特別手当のみが現金で、残りは30年後に年利3.6%で償還される債券であったことは重要な点である[34]。1946年に法律が制定された当時、すでにインフレが進み、合法的な価格では平均的な年間収穫量の約50パーセント、より高い闇市場価格ではそれ以下の価値しかないところまで、その価値は落ちていた。それが支給される頃には、その額面の10パーセント、つまりタバコ13箱分の価値になっていたのである。

　アメリカの法理との比較に戻ると、地主側の主張が米国では非常に強いと考えられる。アメリカでは、財産の収用に関しては、正義の尺度は単純で、つまりは公正な市場価格である。日本の土地改革は、この尺度の下では、特に農産物のより高額な闇市場価格を尺度とすれば、間違いなく失敗していただろう。それにもかかわらず、日本の最高裁はこの事件でほとんど問題を起こさなかった。補償の水準について、裁判所は、第29条第2項の私的財産権は「公共の福祉に適合するように、法律でこれを定める」とし、財産を強制的に購入できる価格は、公共の福祉の必要性に従うものであることを指摘した。実際、この問題は、1938年の土地調整法と、

34　前掲 Dore, *Land Reform*, 139頁。

「土地の自由市場価格が発展する余地を与えない」ように農地の権利を再定義した一連の戦時統制との関連ですでに提起されていた[35]。少数意見の中には、土地改革は連合国占領軍の超憲法的権限の結果であり、1953 年において最高裁がそれに対して何らかの権限を有していなかった、というもう少し分かりやすい意見も含まれていた。しかし、その裁判官たちは、同様のことは二度とできないことを記録しておこうとしたのである。

　日本の土地改革は、イギリスの囲い込みや 19 世紀のアメリカにおけるような流儀では、法がその手段ではなかったことは明らかである。敗戦、徹底的な土地改革を断行する軍の占領など、あまりにも多くの要因が存在したが、それでもなお、法は必要不可欠な要素であり、日本の最高裁判所もまたおろそかにできない存在であった。日本の1950 年代前半は、弱者のために司法が積極的に動いた時代であった。土地改革の正当性の主張に加えて、最高裁は労働法を大幅に修正し、自由意思による雇用を、たとえ理由があっても解雇することが極めて困難な制度に転換し、また無過失の破綻主義離婚を明確な法律に反して限定したのである。これらの例で、最高裁は、前者は雇用関係の互恵的な忠誠心、後者は結婚の本質的な道徳的基盤という社会的規範に言及した。もし、これらの判決以前に、解雇や離婚が一般的でなかったあるいは不適切であると考えられていたのであれば、おそらく、裁判所の理由付けは、額面通りに受け取られただろう。しかし、戦前・戦後は、離婚率が高く、雇用の保護が弱かったからこそ、裁判所は、このような判決を下す必要があったのである。悲惨な経済的な状況から、あまりにも多くの夫が、妻と離婚し愛人と結婚するに際し、妻の福祉を全く考慮していなかった[36]。

　この2 つの判決は、いずれも明確な立法措置を覆すものであったが、世間では、司法による押し付けではなく、日本の文化を反映したものとして捉えられるようになった。戦後、日本人になぜ無能な労働者を解雇しないのか、なぜ離婚率が低いのかと問えば、答えは間違いなく「日本文化」であった。このような慣習を義務づけた最高裁の判決については、決して触れられることはなかった。したがって、土地再分配と土地改革の自作農主義を認めた最高裁判決も、雇用と離婚の判決のような対多数主義的な意味ではなくとも、少なくとも地主の財産権を解体する立法が法的にも政治的にも道徳的にも妥当であることを確認する点で、同様の文化形成の役割を果たしたと想像しても、あながち的外れとはいえないだろう。いずれにせよ、独立

35　同上 433 頁。
36　Frank K. Upham, "Stealth Activism: Norm Formation by Japanese Courts," Washington University Law Review 88 (2011): 1493 頁。

した家族経営の農家という文化は半世紀以上にわたって日本の農業を支配しており、私たちはその経済的代償に目を向けることとする。

政治的な便宜から市場の効率化へ

農地法第1条は、優先順位を明確に打ち出していた。自作農主義による農業部門が「最も適当」であり、この法律の目的は、農民の「地位の安定」であった[iii]。農業生産性は二次的な目標であり、自作農階級内の協力によってのみ達成されるものであった[37]。これまで見てきたように、農地法はその第一の目標を見事に達成した。本節では、この政治的成功の経済的代償を検証する。最も顕著なのは、世界で最も高い食品価格を支払っている日本の消費者への影響であるが、日本の農家が自作農であり続けることを保証するために必要な農地市場の制限は、農業部門自体および経済全体に損害を与える形で、農業部門を歪めてもいるのである。

保守的な政治家以外のどの視点から見ても、今日の日本の農業政策は大失敗である。農業従事者自身から見ても、経済的にはともかく、社会的には悲惨な状況である。反競争的な保護主義や補助金によって所得は維持されているが、人口は減少し、高齢化が進んでいる[38]。地域全体が過疎化し、若い人はほとんどおらず、農家は「三ちゃん農業」と呼ばれ、祖父母と嫁の三人家族で占められている。他の人たちは皆、より大きな可能性を求めて都会へ出て行ってしまった。この停滞は、おそらく日本の農業に可能性がないことだけが主たる原因ではなく（政府の政策と無関係な部門が繁栄している）[39]、農家の財産権に対する制限、所得保護、価格補助などが組み合わさって、経済的に成り立たない現状を維持していることに原因がある。

その多くは、農地の譲渡に関する制限に関係している。最も基本的なものは、インフラ事業のために政府に売却する以外、農地を他の用途に転用することが困難であることである[40]。日本は基本的な食糧を自給したいので、特に水田の非農業利用への転換は抑制され、米の栽培は助成され、米の輸入は制限される。その結果、人口減少や食生活の変化による需要の減退にもかかわらず、農家は保証された価

37　本間『政策過程』85頁。
38　神門善久『さよならニッポン農業』(NHK、2010) 参照。高齢化については、106頁を参照。農村人口の消滅については、李永俊『地方消滅：東京一極集中が招く人口急減』増田寛也編（中央公論新社、2014年）243頁を参照。
39　一例として、オランダ式の農業経営を取り入れ、政府の支援を受けずに成長してきた農家がある。本間『政策過程』369頁参照。
40　同上89頁。

格で生産し、米は余剰となった。その根底にある政治的な動機は、よく知られている。次章で述べるように、中国も全く同じ理由で農地の転用を制限しているし、アメリカも農業貿易相手国の食糧自給政策を批判しながら、根本的には同じ理由でエネルギー輸出を制限している。

　自給自足への懸念に加え、既存の農業グループが政治的な力を持っている。これは、大規模な農業部門と政治体制が整った多くの社会で繰り返されているパターンである。稲作農家は、高度に組織化されており、都市部の顧客よりも一票の投票権の価値が重いことが多い。一方、彼らの代わりとなりうるもの（主に都市市場で求められる最先端の製品商品作物を栽培する農家）は、ブリストル訴訟におけるサンシティの未来の住民と同じ立場にある。すなわち、彼らはまだ存在しないのである。日本の消費者は間違いなく最大の犠牲を払っているが、2つの要因によって効果的な改革を要求することができないでいる。第一は、消費者の経済的利益が分散しているという事実で、これはどこの国の消費者にも共通することだが、彼らが根本的な改革を求める可能性は低い。なぜなら、彼らもまた食料自給率を心配し、輸入品、特に食料の安全性と品質に対して、しばしば不合理であるにせよ、深い恐怖心を抱いているからである。

　しかし、アルゼンチン、オーストラリア、アメリカの生産者が結託して、牛肉、小麦、米の日本への販売を拒否した場合の将来の食糧不足という空想的な懸念による農地転用の制限は、その全体像から程遠い。1952年に農地法が成立して以来、農業政策の原動力となってきた自作農主義と企業による農業への反感も、同様に重要な要素である。土地所有の集中を恐れて、農地を利用する他の農家への移転さえも厳しく制限されている。所有者が、余った土地を他の個人農家にまで貸したがらないのは、貸した土地を取り戻すのが難しいという問題もあるが[41]、より一般的な問題は、自作農または自作農が保有する非公開の農業生産法人以外への売却が禁止されていることである。その結果、肥沃な土地は休閑地となり、耕作意欲や能力を失った所有者は、農地からの転換が法的に可能になった時点で売却する機会を待つことになる[42]。こうした規制は、21世紀の最初の10年間はほぼそのままであったが、その根拠は家族経営の農場を維持することであり、歪んだ形であれ、弱まった形であれ、家族農場は存続してきたのである。

　日本の農業の衰退は必ずしも見過ごされてきたわけではない。1960年代以降、農業の生産性や競争力を高めるための試みが行われてきた。1961年、農業基本

41　前掲神門『さよなら』106頁。
42　同上。前掲本間『政策過程』180頁。

法が制定され、日本政府は大規模農場の機械化を重視することで、自作農主義への一辺倒から脱却し始めた。その後、1970年に農地法第1条が改正され、従来の「農地の利用関係」の推進に「農地の効率的な利用」が加えられ、農水省は「自作農主義」ではなく「耕作者主義」という言葉を使うようになった[43]。しかし、第1条の「この法律は、農地はその耕作者みずからが所有することを最も適当であると認めて、…耕作者の地位の安定…を図ることを目的とする。」の箇所は残され、土地の譲渡に複雑な手続が必要になっている。その結果、効率重視の大規模農業と、家族経営の安全と確保が矛盾した形で共存することになった。実際には、後者の考え方はほとんど変わらなかった。

その後、一連の法令や国家農業計画によって、自作農・耕作者の原則の端に触れることはあっても、真の変革には至らないままであった。政府のレトリックは、立法府と官僚の双方で、農家の所有権よりも食糧の安定と農村の経済的健全性を強調し始め、2000年には国会が再び農地法を改正し、農業生産法人が土地を所有し農場を管理する能力の制限を緩めた。しかし、いずれも根本的な解決には至らず、2009年6月17日の「平成の農業改革」においてようやく農地法をはじめとする農業関連法の大幅な改正が行われ、家族経営重視から農業生産性の重視へと大きく舵を切るに至った[44]。

しかし、ここでも市場の全面的な受け入れに消極的であることは明らかであった。2009年に内閣が国会に提出した原案は、3つの重要な追加事項によって修正された（斜体で示す）。

国内農業の基盤である農地が、現在及び将来にわたり、国民にとって有限な資源であるとともに、*特定の地域にとって貴重な資源であることを認識し、農家自身による土地所有が果たす重要な役割を踏まえ、*この法律は、農地の非農業的利用への転換を抑制するとともに、地域に応じた適切な利用を行う生産性の高い農業者の所有権の取得を促進し、*農地の相互利用を規制し、*農地の農業的利用を確保するための措置を講ずることにより、農業文化の生産性の向上と*農業者の身分保障を図り、*国民の食料安定に寄与することを目的とするものである。

その両義性は明らかである。政府は、農業生産の拡大と農村の活性化を望む

43　神門善久『日本の食と農』（東京：NTT出版、2006年）157頁。
44　プロセスの包括的な議論については、Juristo, 1388頁を参照。

農水省に主導される形で、農業分野の自由化を切に望んだ。国会の多数派は、そのような目標を共有していたかもしれないが、現状維持に向けた強い政治的支持に制約された。その結果、日本の農業政策における「平成の大改革」は、過去数十年の漸進的な改革が抱えてきた支離滅裂さそのものを取り込むこととなった。2009 年改正で新たに打ち出された生産性の向上やその他の具体的な施策が、日本農業の方向転換につながるのか、それともタイタニックのデッキチェアを並べ替えただけなのかは、まだ分からない。また、現在の政策の失敗が、戦後数年間における当初の土地改革の成功に直接起因しているかどうかも定かではない。地主が社会的、経済的に地方を支配し続けたまま放置されれば、日本のような大規模な土地改革がなかった他の先進民主主義国と同様、地主と同じように非効率な経済的地代を要求できる強力な政治集団が形成されていたかもしれない。

　しかし、はっきりしているのは、1940 年代後半に地主の所有権を排除したことは無駄ではなかったということである。それどころか、イギリスのコモンズの囲い込みやメドウ・ブルックの汚染によって、これらの社会が市場の機会に対応し、莫大な富を生み出すことができたように、日本の土地改革は世界で最も成功した安定した民主主義国家の一つを生み出すのに役立ったのである。もちろん、地主の経済的、社会的、政治的地位を維持することが、日本の民主主義の発展を制限するものではなかったかもしれないし、同様に、地主の財産権を維持し、土地市場を無制限に運営させることが、ひどく非効率な農業分野をもたらすことになったかもしれない。つまり、民主主義が徹底している日本では、家族経営農家を中心とした農村部門は必要なかっただろう。しかし、当時の国内外の政治家がそう考えていたわけではなく、彼らの政策が意図したとおりの結果をもたらしたことは確かなのである。

　次の 2 つの章では、新興市場の機会を活用するための財産権構造の解体と再創造に戻ることとし、まず 20 世紀末の中国、次に現代のカンボジアを取り上げる。これら 2 つの社会は、これまでのケースと似たような対応をしたが、初期近代のイギリス、19 世紀のアメリカ、20 世紀の日本のような法制度がなかったことが重要である。

訳者注
i　「大滝三郎衛門」の漢字表記は定かではないが、読みやすさの便宜から仮に当てることとした。
ii　1952 年農地法第 1 条の英訳のクオリティーに起因して、やや誤解があるように思われる。
iii　前掲注 ii を参照。

5章

法なき「法と開発」
―中国

　私たちは、純粋に経済的な理由（イギリス、アメリカ）であれ、経済的かつ政治的な目的（日本）であれ、法的権利を価値ある手段に変換させる上で、実定法が発揮しうる中心的な影響を考察してきた。次に、これらと全く異なるケースとして、中国における特に過去40年間の爆発的な経済成長を考察する。法は、立法と司法双方において、この経済成長の実現にほとんど関与していない。

　経済成長に必要な基本的な法がないにもかかわらず、中国がこれほど急速に発展した理由を理解するために、経済的成功の4つの分野に着目してみよう。すなわち、1970年代から1980年代にかけてほとんど法的空白状態にあった中国の農村部で繁栄した郷鎮企業、外国直接投資家とその中国側パートナーにより実定的な財産権の代わりに即興的に作られた構造、拡大する都市による時に合法だがしばしば汚職によるたいていは不公平な農民の集団土地の収用、中国のほとんどの大都市における違法だが活発で持続的かつ広範な「小物権（small property rights）」と呼ばれる不動産市場の発生である。しかし、これら4つの分野の成長物語に入る前に、いくつかの歴史的な背景が必要である。

改革開放以降の中国財産法の変遷

　中国共産党は、マルクス主義の理論では産業プロレタリアートが優先されるにもかかわらず、1949年に貧しい小作農を後ろ盾に政権を獲得し、包括的な土地改革で直ちに彼らに報いた[1]。政権の暫定憲法は、「封建的・半封建的な土地所有制度を小作農の土地所有制度に体系的に転換しなければならない」と宣言し、1950年の土地改革法に基づいて、直ちに土地の徹底的な再配分が行われた。1953年には、中国の土地の40%が人口の60%に再配分され、3億人近い農民が約7億ムー（mu）（1ヘクタール＝15ムー）の農地を手に入れた。

　1954年、中華人民共和国最初の憲法は土地改革を承認し、国家、個々の労働

1　この中国財産法の理論的な展開に関する記述は、Chuanhui Wang, *The Constitutional Protection of Private Property in China: Historical Evolution and Comparative Research*（Cambridge: Cambridge University Press, 2016）, 45–78 頁から引用したものである。

者、資本家、集団という 4 つの所有形態を定めた。このうち集団所有は農村部の土地を対象とし、最終的に個人の土地所有がなくなることを予見させるものであった。集団化のプロセスは、1948 年に自主的な互助組（Mutual Aid Team）から始まり、様々な形態の自主的な協同組合を経て次第に減少し、1958 年にすべての農民がメンバーとなる人民公社（People's Communes）に残りのすべての私権を移譲することで終着した。1958 年から 1978 年の鄧小平の「改革開放」までは、人民公社が中国の農村における事実上の土地所有の主流であったが、1975 年と 1978 年の憲法制定までに法が実務に追いつかず、1954 年憲法の 4 つの所有形態は、現在の憲法が定める国家財産と集団財産という形に法的に縮小された。

公社制度は農業の生産性を著しく低下させたが、安徽省の貧しい村である小崗が公社制度によらない耕作地の家族への貸与を開始した 1978 年まで続いた。この試みは、以前にも他の者により挑戦されたことがあったものの、小崗村の農民が恐る恐る開始したものであったが[2]、見事に成功し、1980 年の党宣言「農業生産請負制の強化及び改善に関するいくつかの問題」において、生産請負制（Household Responsibility System: HRS）として[i]、中央政府にほぼ即採用されることになった。

公布から 1 年以内に 98％の集団がこの制度を採用し、個々の家族に対して土地を請け負った。当初 15 年だった契約期間は徐々に長くなり、現在は 30 年が既定となっており、事実上、無期限の更新が可能となっている。土地保有の保証は期間とともに強化されてきた。当初、村落では、出生、死亡、結婚または離婚した娘の出戻りなど、家族規模の変化に対応して土地を新たに割り当てることが一般的であった。しかし、20 世紀末には、そのような再配分は自然災害やそれに類するものに限られるようになり、法がなくとも事実上、期限のない保有を享受していたのである。しかしながら、これから述べるように、無期限の保有であっても、少なくとも自分の土地が権力者にとって魅力的である場合には、所有権には大きく及ばない。

事実上の土地使用権と法的なそれとの法学的な区別は、ほとんどの農民にとってあまり意味を持たなかったかもしれない。特に、政治的に議論を呼ぶような土地紛争を裁判所が拒否する可能性が高い時代や状況においては、そうであったろう。しかし、生産請負制の発展において法的に優れた点は、中国財産法（ひいては事実上あらゆる形態の法）を特徴づける実定的な法と法的でない政策との相互作用にあり、中華人民共和国の歴史を通じて注目すべきものである。したがって、1978 年の小崗の試みに法的根拠がなかっただけでなく、2 年後の中央委員会によ

2　小崗の試みの指導者 18 名は、役人の反応を懸念し、全員が逮捕に備えて遺言を書いていた。前掲 Wang, *Constitutional Protection*, 50 頁。

る小崗モデルを直ちに全国に拡大する旨の宣言についても同様かもしれないことに注意しなければならない。この政策変更を許可する法令がないだけでなく、生産請負制は、個々の世帯は居住かつ家族のためのみに土地を保有できると規定する1978年憲法第7条第2項と真っ向から対立している。つまり、小崗村の住民だけでなく、中央委員会までもが憲法に反する行為を行っていたこととなる。しかし、中国では、このような法の逸脱は日常茶飯事である。新しい政策が成功すれば、法もそれに追随する。私有財産の憲法上の承認について簡単に振り返ってみよう。

このプロセスは、1988年の「法に従って」土地使用権の譲渡を認める改正で始まり、「経済における民間部門の合法的な権利と利益」を国家が保護するようになった。1993年、第11条で民間部門を「社会主義市場経済の重要な構成要素」として認め、「社会主義公的所有経済」を「社会主義市場経済」に置き換えるという、より抜本的な措置が取られることになった。この変更は、遅ればせながら中国が中央計画から脱却すること、そして私有財産を明言しないまでも経済資産の非集権的管理を前提とした自主的な交換を行うことを明確に宣言したことになる[3]。さらに1993年の改正は人民公社を廃止し、15年前に小崗より着想を得た生産請負制をようやく認めたのである。2004年は、憲法において私有財産に関する最も新しい前進があった。第13条は、現在、「国民の合法的な私有財産は侵すことができない」、「国家は、法に従い、国民の私有財産とその相続権を保護する」、「国家は、『公共の利益のため、法に従い』、補償を伴う場合にのみ私有財産を収用できる」と定めている。

このような財産規範の変遷を表面的に読むと、現在の憲法上の私有財産の地位は、アメリカや日本のそれと同等であり、いずれの制度も国家が私有財産を取得するために公的な正当性と十分な補償を要求していることになる。表向きは正しいが、このような読み方は重大な誤解を招くだろう。そもそも中国の裁判所は私有財産の有効な保証人ではない。制度的に認められていないことに加え、最近まで公的な政策として、財産紛争、特に土地をめぐる社会的対立を超法規的に解決することが行われてきたからである。しかし、憲法と法令は独立して発展していくので、憲法規範に頼るのは誤解を招くだろう。［中国における］憲法はそれ自体に執行力が

3　Minxin Pei, *China's Crony Capitalism: The Dynamics of Regime Decay* (Cambridge: Harvard University Press, 2016) を参照のこと。ペイ (Pei) は、国有財産の統制の分散化が腐敗の横行の大きな原因であり、彼やその他の識者は、現体制の存続を深刻に脅かしていると主張している。特に 31-6 頁と 67-76 頁を参照。ペイは、以前の著書である *China's Trapped Transition The Limits of Developmental Autocracy* (Cambridge: Harvard University Press, 2006) で、中国の制度の限界について同様の主張をしている。中国の潜在的な停滞について、特に法制度に焦点を当てた同様の分析については、同じく 2006 年の Kenneth W. Dam, *The Law-Growth Nexus: The Rule of Law and Economic Development* (Washington, DC: Brookings Institution Press, 2006) がある。

なく、裁判所は法令を解釈し判断を示す際に憲法規定を直接適用することは認められていない。憲法を直接適用するには、憲法規範が法令に組み込まれるのを待たなければならないが、その実現はしばしば遅々として進まない。

　訴訟に適用される憲法や法令の規範の統合的体系に慣れている者にとっては、この制度は混乱を招くかもしれない。ここで生産請負制の正式な法的基盤の変遷を振り返ることは、［混乱を避ける］一助となるだろう。これまで見てきたように、人民公社から個々の世帯への契約による土地割当ては、1978 年にある貧しい村で始まった。その時点で、それは場当たり的な試みであっただけでなく、1978 年憲法に真っ向から反していた。その後、中央委員会の命令で全国的に適用され、1982 年の憲法改正で経済改革の一般的な方向性が明らかになった。その 4 年後、土地管理法が成立し、経済改革は初めて法制化された。1993 年の憲法改正により憲法レベルでの市場化が完了したのち、2002 年の農地契約法により、耕地は 30 年、放牧地は 30~50 年、林地は 30~70 年の更新が可能になり、生産請負制の条件は十分に整えられた。

　都市部の土地は、これとは異なるが似たような道を歩んできた[4]。都市部の土地の私的使用権は、1950 年代の集団化運動により事実上排除され、その後 1982 年憲法によって正式に国有化されたが、それ以来徐々に、正当性が改めて認められてきている。このプロセスは、農村部の土地に比べればはるかに単純で、全面的な自由化に向かって進んでいる。都市住民が住宅を地方政府か国有企業にほぼ全面的に依存していたことは、1979 年に試験的に崩れ始め、1988 年の改正で「法律に基づく」譲渡が憲法上認められると、「住宅の商業化」が国策として行われるようになった。そのプロセスは、1994 年の都市不動産管理法の成立により継続している。この法律では、地方公共団体から土地使用権を取得する方法として、2 つの方法が規定されている。ひとつは政府による割り当てで、主に公共用の土地に用いられる。もうひとつは賃貸であり、個人や企業が土地使用権を取得する主な方法となる。住宅用地は最長 70 年、産業用地は最長 50 年、商業用地は最長 40 年である。この結果、都市部の土地市場は、法的形式はともかく、実際には、土地私有制が標準である同様の市場に類似している[5]。

　憲法とは対照的に、制定された財産法の進化における直近の重要なステップは、

4　Shitong Qiao, "The Politics of Chinese Land: Partial Reform, Vested Interests, and Small Property," Columbia Journal of Asian Law 29 (2015): 70 頁 及 び Eva Pils,"Contending Conceptions of Ownership in Urbanising China," in Resolving Land Disputes in East Asia: Exploring the Limits of Law, Hualing Fu and John Gillespie (eds.) (Cambridge: Cambridge University Press, 2014), 115-72 頁を参照。
5　Donald Clarke, "China's Stealth Urban Land Revolution," American Journal of Comparative Law 62 (2014).

2007年に全人代によって可決された「物権法」である。この法律は、野心的なタイトルにもかかわらず、大きな変化をもたらさなかった。例えば、コンドミニアムの1階部分の所有者はエレベーターの維持費を負担しなければならないかどうかとか、分譲住宅の駐車場は開発業者や住宅所有者組合が所有するかどうかなどが明確にされたが、喫緊の課題のほとんどはそのままにされた。その理由は簡単だ。土地は、現代中国における最大の社会的対立の原因の一つであり、異論なく今日の政府と党が直面する最も論争的で最も基本的な法的・政策的課題だからである[6]。私有財産が公共財産と同等の保護を受けているという物権法の認識は、すでに激しい論争を呼んでいた。農地補償のあり方や不法占拠地の合法化の道筋など、未解決の根本的な問題をさらに踏み込んで判断することは、法律の成立を無限に遅らせるおそれがあるうえ、これまで見てきたように、立法府は、法的な判断を下す場ではなく、すでに実施された国策を後に承認する場なのである。

中国の経済成長における財産権の欠落

たとえ中国が裁判所で執行可能な法的に定義された財産権を持っていなくとも、経済主体は、中国の農民であれ多国籍企業であれ、他のいくつかの社会的プロセスによって、「他人との取引において合理的に持ちうる期待を形成する」ことができた。これらのプロセスがどのようなものであったかを完全に説明することは、この章の範囲を超えているが、4つの法と社会を巡る現象を簡単に紹介することで、その概要を理解することができる。まず、定義を明確にするところから始める。

「法」が全くない？

計画経済・集団主義社会から市場経済・消費社会へと移行した中国において、財産が果たした機能を要約して説明するだけでも、社会における制度の役割に関する3つの疑問が湧いてくる。第一は、現代の途上国において法を構成するものは何かという、前置きとなる問題である。第二は、第一の問題の機能である。中国の成長において、伝統的に法の役割とされてきた社会構造はどのようなものであ

---

6 社会的な抗議の代表的な例として、Owen Guo, "A Chinese Farmer's Execution Shows the Pitfalls of Rapid Urbanization," *New York Times,* November 16, 2016 を参照。財産法をめぐる論争については、Frank K. Upham, "From Demsetz to Deng: Speculations on the Implications of Chinese Growth for Law and Development Theory," *NYU Journal of International Law and Politics* 41 (2009): 551 頁を参照のこと。

り、同様の制度は他の貧困国でもその役割を果たすことができるのだろうか。第三の、そして最も根本的な問いは、独立した効果的な司法によって施行される法規範が立法化されないまま30年間急速な経済成長を遂げてきた事実から、どのような結論が導き出されるべきか、ということである。

読者もご存知のように、現代の中国では政策や実務が法に優先する。人民公社は、1954年憲法が農地の私有を規定していたにもかかわらず設立され、1975年と1978年の憲法制定まで法的に承認されていなかった。生産請負制は、直ちにこれらの憲法に違反し、1982年の憲法まで合法化されず、2002年の農地契約法まで完全に法令化されていなかった。都市部の土地使用権の自由化においても、規範の変化のプロセスは同様であり、今後、農村部の土地使用権に関する法的な再構築が行われる場合も、地方官僚による試験、行政の政策発表を通じた成功事例の国家的採用、完全な実施を経た後にようやく法的承認、という同様のパターンになると予想される。

中国では、全人代で可決された法令 (falu) だけが法として認められている。この意味で、政府の行動の多くは法的根拠がない (lawless)、すなわち、特定の行動を規定する法が存在しないか、関連する法が無視されているかのどちらかである。しかし、このことは、公的な統治が、恣意的であり、シハタ (Shihata) の言葉を借りれば「支配する個人や派閥の気まぐれに」任されているという意味で、インフォーマルであることを示すものではない。さらに、伝統的な慣習秩序や地域社会のコンセンサスを反映しているというロマンチックな意味で、インフォーマルなわけでもない。

中国の土地の私有から集団化への移行、そしてその一部の［私有への］復帰は、狭い意味で合法とはいえなかったかもしれないが、政治的リーダーシップによって公式に始められ、ルールに応じて進められた。それは、憲法上権限を与えられた立法府によって可決された正式なルール、すなわち「法」ではなかったかもしれないが、「秩序」であり、多くの発展途上国、特に土地に関連して起こる中央集権的な規範秩序の欠如とはかけ離れたものであった[7]。

一貫して公の秩序が維持されていることから、中国の財産法の変化を論じる際に、このような実証主義的なアプローチを取るべきか、それとも行政システムによって作り出された秩序を法と見なすべきかという疑問が生じる。私の結論は、中国を考察する上でも、より一般的に、（どのような定義であれ）開発における法の役割を理解する上でも、厳密な取り扱いが必要であるということである。中華人民共和

7　Daniel Fitzpatrick, "Evolution and Chaos in Property Rights Systems: The Third World Tragedy of Contested Access," *Yale Law Journal* 115 (2006):996 頁。

国自身、これまで述べた官僚的秩序と全人代の立法による法的秩序が異なることを認識している。実際、2014年10月の共産党中央委員会第4回大会では、司法の強化を含む中国の実定的法制度の発展が特に強調されており、指導部が官僚秩序と実定法の違いを認識しているだけでなく、後者の価値を認めていることが明確に示されている[8]。しかし、次の4つのセクションで述べるように、中国の「無法状態」には、通常、強固な法制度が担う役割を効果的に果たすことができる秩序と安定性が含まれているのである。

郷鎮企業における所有権

　郷鎮企業は、1990年代まで中国における改革の「成長エンジン」であり、中国の曖昧な財産権に関する多くのコメンテーターの議論における「証拠物その1（Exhibit A）」であった[9]。［郷鎮企業の］構造や運営はさまざまだが、村や郷の住民による集団所有である点は共通している。しかし、所有とは名ばかりで、郷鎮企業は地方政府や党の指導者によって管理され、その指導者は日々の運営を管理者に委任していた。地方の役人たちは、法的な所有者である地元住民ではなく、国家機関の上司に責任を負っていたのだ。

　このような機関統制の緩みがあるからといって、所有者である住民に恩恵がないわけではない。従業員のほとんどは住民であり、収入のほとんどは、学校、交通、インフラなどの公共財の提供にあてられた。しかし、中国憲法に基づく「集団自治組織」である共同体は、何らかの株式保有や選挙によって、法的にコントロールされていたわけではないのだ。

　つまり、法律上の所有は、少なくとも一般的に使われている権利の定義や行使という意味においては、ほとんど関係なかったのである。実定的な法のはかなさは、経済的・政治的構造が大きく異なる2つの村の財産権に関する陳志柔（Chih-

---

8　通常「法の支配（rule of law）」と訳される中国の「法治（fazhi）」創設の努力と、裁判所や政府が共産党の支配下で運営されるという主張との矛盾した関係の概要については、Jerome A. Cohen, "Law's Relation to Political Power in China: The Domestic Situation" (forthcoming publication of the Herbert Ma Foundation, Taipei, Taiwan) を参照。

9　概要については、Barry Naughton, *The Chinese Economy: Tradition and Growth* (Cambridge: MIT Press, 2007) を参照。Naughton は3頁で郷鎮企業を「移行プロセス全体の『原動力』」と呼んでいる。他の中国研究者による評価については、例えば、David L. Wank "Producing Property Rights: Strategies, Networks, and Efficiency in China's Nonstate Firms," in *Property Rights and Economic Reform in China*, Jean C. Oi and Andrew G. Walder (eds.) (Palo Alto, CA: Stanford University Press, 1999): 248 頁を参照。

10　Chih-jou Jay Chen, Transforming Rural China: *How Local Institutions Shape Property Rights in China* (London and New York: Routledge Curzon, 2004). 郷鎮企業に構造を提供した実定的および非実定的制度と、その後におけるその構造の解体に関する議論については、Teemu Ruskola, "People, Inc.? Law, Economic Enterprise, and the Development of Inequality in China," *American Journal of Comparative Law*, forthcoming を参照。

jou Jay Chen) の研究に力強く示されている[10]。江蘇省の雙村は、改革期を通じて共産党幹部が支配していた。一方、福建省の邯村は、解放前の同族企業が支配し、国家の実効的な統制に抵抗し続けた。雙村では、郷鎮企業の民営化さえも、地元関係者の範囲内で行われた。一方、邯村では、地元政府ができることといえば、民間企業に「赤い帽子をかぶらせる」こと、つまり、集団所有を美辞麗句で受け入れさせ、郷庫に貢がせることくらいであった。

　両村における財産権は曖昧で、司法による強制力もなかったが、両村とも目覚しい成長を遂げた。汚職やレントシーキングが横行するなど、国家は時に寄生的な役割を果たしていたが、多くの経済学者が主張するように、正式な財産権に阻まれなければどの国家もやってしまうようなことはしていない。つまり、成功した企業の富をすべて奪うようなことはしなかったのだ。官僚たちの自制心は、地域社会との個人的な結びつきからくるものであったかもしれないが、彼らの日和見主義もまた、法律ではなく、政治的・社会的構造によって制限されていた。そのため、地域経済、地域社会、そして最終的には地方政府や党の官僚たち自身にとって成功を収めている金のガチョウを国が殺すことは、望ましくなく、対処しがたく、必要のないことであった。

　郷鎮企業の話は重要だが、そこから得られるかもしれない「モデル」の広範な適用性を疑うべき理由がたくさんある。ひとつには、雙村や邯村の成功は地域の事情に大きく左右され、一般化が困難であったことである。もうひとつは、郷鎮企業は大規模な法整備が行われる前の改革の初期段階（法をどのように定義したとしても、そのような法整備はほとんど存在しなかった）、中国の市場移行の初期段階で繁栄したことである。そのため、郷鎮企業は小規模でローカルな存在であり、目先の市場機会を利用することに終始し、市場での持続的な成功に必要な長期的展望を欠いていた。実際、現在ではほとんどの郷鎮企業が少なくとも部分的に民営化され、その経済形態はもはや経済の主要な推進力とはなっていない。

　したがって、従来の常識に反しているように見える郷鎮企業を、経済成長の初期段階にある非常に貧しい国だけに関係する経済的・法的無秩序に対する特異な反応であり、地方の農村における切実な貧困を緩和するという喫緊の課題を超えてほとんど語ることがないとして退けたくなるかもしれない。しかし、多くの世界で切実な貧困が残っていることからすれば、郷鎮企業の物語をこの場で捨て去ってしまうことは重大な誤りであろう。中国が後発開発途上国から中所得国に移行しても、財産権の曖昧さが解消されたわけではない。それどころか、海外直接投資（FDI）における財産法の役割を見ればわかるように、この現象は根強く残っているのである。

海外直接投資

　中国は、現在、世界有数の海外直接投資受領国である。つまり、中華人民共和国に属しない個人や企業は、郷鎮企業の投資の安全性に寄与した密接な個人的関係や地理的な近接性なしに、中国に巨額の資金を注ぎ込んできたのである。実定的な法制度がない中でこのようなことが行われたということは、実定的な財産法が、独立当事者間の大規模で継続的な商取引に不可欠であるという従来の常識が、単に間違っているとは言えないまでも、少なくとも不完全であることを証明している。

　ヴァイツェン・チェン（Weitseng Chen）による中国の海外直接投資に関する最近の研究は、「外国人投資家が確立した実定的な財産制度の代替物は、国家が支える財産制によって供給される様々な機能を果たす」ことを実証している[11]。外国人投資家は、こうした制度的な代替物を利用して、財産法の3つの基本的な属性である保有権の保証、譲渡性、紛争解決を提供するのである。これらは、法的、非法的、実定的、非実定的な構造を通じて提供されており、簡単に要約することはできないが、開発における通説に代わるものとして、もう一つの例となるものである。

　チェンは、勤務の必要のない仕事を地元の役人に依頼したり、評判のネットワークに依存したりするなどのインフォーマルな慣行の存在を指摘する一方で、会社組織や契約などの法的形式が、財産権制度や有効な司法の代用品として革新的に利用されていることを強調する。このような回避策の中には違法なものもあり、例えば、外国企業が「不法に土地を借りて…輸出に向けた製造を始める」ことを可能にする「下請製造工場」が存在した[12]。また、合法だが、本来の目的のために使われる

11　Weitseng Chen, "Arbitrage for Property Rights: How Foreign Investors Create Substitutes for Property Institutions in China," *Washington International Law Journal* 24（2015）: 47 頁。チェンが調査した投資家は主に華僑であり、標準的な法制度によらない商取引を可能にするのは、文化や言語の共有である可能性が指摘されている。しかし、彼は、このような文化的に作られた信頼は、制度と絡み合っており、制度なしでは存在し得ないと主張し、さらに、中国の文脈だけで信頼を論じることはオリエンタリズムの色合いを帯びていると穏やかに示唆する：「合理的なアメリカ人は、共に英語を話し、ウィリアム・シェイクスピアが誰か知っているからといって、見知らぬイギリス人を信頼してビジネスを立ち上げようとはしないであろう。中国文化を共有する者同士においてこれと何らか変わるとは思えない。」。チェンは、彼の「制度的代替物」のいくつかは、契約や企業形態などの実定的な法制度に基づいているため、中国は「経済成長における財産権の不可欠な役割」についての「通説的な見解を覆すものではない」と主張している。前掲 Chen, "Arbitrage." 彼は、こうした実務における実定法の利用の革新性だけでなく、その頻繁な違法性、時には犯罪性も十分に立証しているので、通説的な見解が無傷であるという彼の主張は、通説をデムセッツとノースの本来の広義のアプローチ、すなわち制度、この文脈での「法」に非実定的な規範が含まれると捉える場合のみ正しいと言えるのではないだろうか。

12　前掲 Chen, "Arbitrage." 61 頁。このような地方政府との契約は、少なくとも 1980 年代後半までは違法であった。前掲 Chen, "Arbitrage." 59 頁参照。

のではなく、通常は正式な取り決めと機能する裁判所を通じて達成すべき目的のために利用されているもの、例えば、そのような合弁事業もある。チェンは、「様々な契約を執行する機能的な司法がなければ、外国人投資家は、多くの取引を合弁会社の内部の経営判断に変えることで法的リスクを軽減することができる」と述べている[13]。

　海外直接投資の話は、財産法制度そのものではないにせよ、フォーマルな法制度が中国の成長に欠落していたわけではないことを示している。契約と合弁事業という形式が有効な財産権の代わりとなったことは、たとえその機能が起草者の予想するところとはかけ離れたものであったとしても、実定法と想像力に富んだ弁護士業が投資保護のためには重要であることを示している。しかし、このような法の利用が本書のより広範な問題に影響を及ぼすか、また及ぼす場合にどのように及ぼすかを論じる前に、土地所有と、現代中国において最も広く重要性を持つ財産形態である土地利用に対し、法とその欠如が影響を与えた二つの事例を検証してみることにする。ひとつは、拡大する都市による農地の併合で、一貫性や信頼性はないものの、実定的な制度がその意図する目的のために利用されている。もうひとつは、「小物権（small property rights）」不動産市場であり、実定法に真っ向から反する活気のある市場が存在している。

農地の都市利用への移行

　中国は今、他に類を見ない大規模な都市化プロセスの真っ只中にある。1980年以降、中国の都市には何億人もの新住民が流入しており、今後数十年の間にさらに何億人もの新住民が流入する可能性がある。これらの新住民を受け入れるためには、広大な農村部の土地を都市用に転換しなければならない。これは、土地使用権に関する法的市場が機能していれば、簡単かつ迅速に実行できるかもしれないが、そうではない。それどころか、農村の土地使用権を都市用に譲渡することは禁止されている。先に見たように、農地は郷鎮企業と同様に村民の集団所有であり、法律上、農業利用に限定されている。これを都市利用とするためには、まず地元の自治体が正式に収用し、国有の都市用地に転換する必要があり、その後、使用権を市場価格で販売することができる。

　収用は一定の法的基準を満たす必要がある。収用は、公共の利益にかなうもの

13　同上67頁。

でなければならず、影響を受ける者は協議を受けなければならず、補償は支払われなければならない[14]。公共の利益と協議の要件は、アメリカや日本の学説と同様であるが、この時期の補償措置は、他国の実務、法と開発の通説、経済効率の基本原則から大きく逸脱していた。まず、補償を受けるのは誰なのか、土地を所有する集団なのか、それともその使用権を保有する個々の世帯なのかが不明確であった。法律では前者を選択し、集団に頼って個々の世帯に補償が行われるようにしたようである。第二に、補償は主に農業使用のための用益権の割引額に基づいて行われた。この権利の存続期間が15年から30年になったため、金額も同様に15年分の作物の価値から30年分の価値へと増加した。

　もちろん、このプロセスに欠けているのは、市場価値との完全な乖離である。農村部の土地を農業以外の目的で合法的に売却することはできないため、既存の合法的な市場は存在しなかったが、もし売却が合法であれば、市場は直ちに発展し、地方政府が開発業者に土地を売却する際に受け取ったものに近い価値が生み出されたはずである。実際、そのような市場が存在したし、現在も存在するが、次節で述べるように、それは依然として違法であり、収用が土地を都市利用に移すための唯一の合法的な方法であることに変わりはない。その結果、都市政府は農民の集団所有の土地を市場価値の数分の一の価格で手に入れることが保証されることになった。

　ミクロ経済学的な観点から見ると、この法的枠組みの弱点はかなり大きい。最も重要なのは、自発的な交換が行われず、奪われた土地に対して生産価値に近い対価を支払うことができなかったことである。しかし、実際の運用はもっと悪いことが多く、それは裁判所の無策により可能となった[15]。村の役人が市の役人や不動産開発業者と結託していたこと、必要な住民協議が必ずしも行われていなかったこと、補償金の比例配分が必ずしも奪われた世帯に行き渡っていなかったこと、農民から収用への同意を得るために約束した都市雇用や住宅が実現しないことが多かったこと、大規模な資金紛失があったことを知れば、誰も驚かないだろう。このような

14　収用の法的要件の概要については、Lei Chen, "Legal and Institutional Analysis of Land Expropriation in China," in *Resolving Land Disputes in East Asia: Exploring the Limits of Law*, Hualing Fu and John Gillespie (eds.) (Cambridge: Cambridge University Press, 2014), 59 頁を参照。

15　裁判所の役割は、問題の40年間に発展してきた。裁判所が介入を拒否した比較的初期の紛争については、Eva Pils, "Land Disputes, Rights Assertion, and Social Unrest in China: A Case from Sichuan," *Columbia Journal of Asian Law* 19 (2005): 244 頁を参照。最近の多様なアプローチについては、Xin He, "Administrative Law as a Mechanism for Political Control in China," in *Constitutionalism and Judicial Power in China*, Stephanie Balme and Michael W. Dowdle (eds.) (New York: Palgrave Macmillan, 2009), 及び Jie Cheng, "The Judicial Role in Landtaking Cases," in *Resolving Land Disputes in East Asia: Exploring the Limits of Law*, Hualing Fu and John Gillespie (eds.) (Cambridge: Cambridge University Press, 2014), 86 頁を参照。

不正行為がどの程度あったかについては、確信を持って述べることはできないが（実際、東部沿岸の豊かな地域では、農民が富を築いた[16]）、社会的対立の主な原因として、土地紛争が頻繁に挙げられている。

　しかし、ここで重要なのは、裁判所がこれらの紛争に関与しなかったことである。裁判所は、単に裁判を受け入れないだけでなく、あるときは当事者に調停を強要し、またあるときは、その不満を、本来の被告からより政治的に微妙ではない対象に転嫁した[17]。その理由は簡単である。地方政府の裁判に介入するには、あまりにも政治的な要素が強すぎたからである。このような消極的な姿勢は、裁判所の最も重要な役割を放棄していると非難する人もいるが、裁判所が現在享受している限られた権限と自治を維持するための慎重で現実的な戦略であると考える人もいる。

　私たちはその判断をする必要はない。私たちの目的にとって重要なのは、誰も財産権を執行しなかったにもかかわらず、中国が世界のどの重要な経済よりも速く成長したということである。もし、財産権が執行されていたら、中国はさらに速く成長しただろうか？　それはありそうにない。実際、財産権の徹底的な解体により、農業から都市への貴重な生産要素の移転は、収用手続を注意深く遵守するよりも、あるいは自発的交換よりも迅速に行われたかもしれない。もし中華人民共和国が個々の農民に譲渡可能な財産権を認め、希望する買い手に対して独立した立場で売却交渉を行うことを認めていれば、の話である。法の支配に基づく資本主義経済において移転を遅らせ、コストを引き上げ、時には妨げることとなる政治的、社会的、経済的要因は、［中国では］すべて問題ではなかった。外国人投資家から見れば、ヴァイツェン・チェン（Weitseng Chen）が言うように、「レーニン主義的一党独裁体制は…取引コストを大幅に削減することができる」のである[18]。この手続の容易さは財産権を無視したことが奏功したということなのだろうか？　もちろん、そうではない。経済成長には財産権は必要なかったということである。少なくとも

16　そして、豊かになるだけでなく幸せにもなった。私は、元農夫で、今は大学教授らの運転手をしている、土地収用の補償金で建設された共同住宅の株主に、農業が恋しくなったかと尋ねた。彼は笑顔でこう答えてくれた。「君は農家をやったことがないだろう？」
17　前掲 Cheng, "Judicial Role"106 頁は、広西高等法院が 2003 年に出した「裁判所が受理すべきでない事件に関する通達」を引用し、特に土地紛争は「複雑、濫用的、費用がかかる」うえ、「執行困難につながる」として、地方の裁判所が受理しないように命じている。Susan Whiting と Shao Hua は、紛争をそらし、鎮めるための調停の利用について"Courts and Political Stability: Mediating Rural Land Disputes," in *Resolving Land Disputes in East Asia: Exploring the Limits of Law,* Hualing Fu and John Gillespie (eds.) (Cambridge: Cambridge University Press, 2014), 222 頁で述べている。Xin He は、裁判所がすでに議論が生じている事件をより安全なルートにそらすことについて、"Protest-supported Housing Demolition Litigation and Social Change in China," in *Resolving Land Disputes in East Asia: Exploring the Limits of Law,* Hualing Fu and John Gillespie (eds.) (Cambridge: Cambridge University Press, 2014), 194 頁で述べている。
18　前掲 Chen, "Arbitrage," 73 頁。

現代中国において財産権を正当化しようとするならば、非経済的な根拠を見出さなければならない。

小物権：権利なき活発な土地市場

　中国の土地法の硬直性、特に集団所有者が土地を非農業的に利用することが法的に不可能であることは、政治的にはそれほど目立たないが、より複雑な問題を提起する第二の現象を生んでいる。改革者にとっては、農村部の土地を違法に大規模に開発する「濫用的収用」以上に複雑である。「小物権」と呼ばれるのは、完全に合法な「大物権」に比べて劣ることを示すためで、このような形のインフォーマリティは、皮肉にも、収用によってではなく、都市を十分に収用できないことによって引き起こされているのである。上記のような社会的・政治的問題があり、また、中国も日本と同様、食料自給率の観点から農地転換を制限しているため、拡大する都市は需要に見合うだけの十分な土地を迅速に確保することができなかった。その結果、中国のほぼすべての主要都市で、広範かつ難解な違法市場が出現している。ここでは、深圳を例にとって、その市場の規模を説明する[19]。

　香港のすぐ北に位置する深圳は、中国第4の都市であり、中国経済の奇跡を象徴する中心地である。また、最大かつ最もダイナミックな不動産違法市場を有しており、小物権建築物の割合が高い。西安の30%、北京の20%に対し、深圳では全床面積の48%がそれにあたる。これらの違法建築物は、人口1,000万人以上の都市の中心にありながら、法律上はまだ農村と分類される320の都市内「村落」に広がっている。小物権に住む人々は、深圳に出稼ぎに来る800万人の労働者のほとんどを受け入れ、30万人以上の村民の主な収入源となっている。しかし、重要なのは、発展途上国のインフォーマル住宅のステレオタイプから連想されるような低品質の建築物ではなく、高品質の近代的な建築物が含まれていることである。

19　この深圳の小物権市場に関する説明は、Shitong Qiao, *Chinese Small Property: The Co-Evolution Of Law and Social Norms* (Cambridge, UK: Cambridge University Press, 2017) を参考にした。深圳の小物権は、村の行政が中心となって調整することによる共同体の現象である側面が大きいが、小物権は個人の現象でもあり、そうした個別のケースでは、裁判所も積極的に対応してきた。2007年に北京第二中級法院で起きたある事件（#13692?）を見てみると、市場がどのように発展したかだけでなく、その法的性質もよくわかるだろう。この事件は2002年、北京の芸術家、李玉蘭が、宋庄郊外の「芸術区（painters' village）」にある家を、農家の馬海濤から購入したことから始まった。村当局がそれを認め、李はその家を改築する許可を申請し、許可がおりた。2006年、馬が、宋庄の地価が急騰し、北京に併合される可能性が出てきたため、多額の補償金が発生することを知ると、取引が不調となった。馬は、家の返還を求めたが李がこれを拒否したため、原契約は違法無効であるとして、その返還を求める裁判を起こした。裁判所はこれを認め、売却を無効とし、所有権を馬に与えたが、李に対して家の改築と市場価値の上昇を補償するよう馬に要求した。

この市場は、土地の農業的価値と、違法であっても他の用途に使われた場合の価値との間に大きなギャップがあるために生まれた。それは、村の住民、政府機関、不動産開発業者の間の経済的、政治的、社会的、法的関係の変化によって支えられている。市場ネットワークは、強い結びつきを持つ参加者から、弱い結びつきを持つ参加者、そして最終的には既存の関係を持たない参加者へと拡大していったのである。つまり、中国の小物権市場は、外国投資市場と同様、境界のあるコミュニティから、外国人投資家を含む境界のない関係者へと広がっており、しかも司法による強制力のある法的ルールの枠組みがないのである。

個人あるいは集団が行うことのできる財産の取り決めは、村社会のネットワークの中での特定の地位によって決定され、農村集団の元々の住民としての身分に左右されるものである。しかし、親密な関係者の市場が第三者にも開かれるようになったのは、弁護士や不動産ブローカーなどの専門家、銀行などの商業機関、さらには地方政府のさまざまなレベルの人々が直接関与するようになったからである。このような市場の広がりと盛況は、法的ルールを実施する公的機関のみが持続的な経済成長に必要な永続的な安全を創出できるという通説的な見方を覆すだけでなく、中国の指導者に対して一つの課題を突き付けている。小物権を最終的にどのように法制度に組み込むかという課題である。

その選択肢は、様々である。一つは、違法に建設された建物をすべて取り壊し、その開発者を罰することにより法律の正当性を証明することである。しかし、市場の規模があまりにも大きいため、このような選択肢はありえない。ラテンアメリカやアフリカの一部の都市のように、中国の都市景観をインフォーマリティが支配しているわけではないが、北京の20%、西安の30%、深圳の45%、そして中国全土においても同様に、多くが取り壊され、移転され、処罰されることとなるだろう。もっとも、これは規模の問題だけではない。小物権市場を支える人間関係のネットワークは、貧しい国のインフォーマル住宅から連想されるような、不法占拠者や怪しげな不動産開発業者の域をはるかに超えているのだ。ブローカーは物件を宣伝し、関係者を引き合わせる。弁護士は、この取引が両者によって自発的に行われたことを証明し、後に買い手や借り手が確認できるように関連書類の写しを保管する。地方の国有銀行は、一般消費者向けの住宅ローンや、外国投資家が建設する工業団地、商業施設、高層マンションなどに大規模な融資を行う。つまり、小物権は、深圳の不動産市場から逸脱したものではなく、専門家や中産階級の多くの層が依存し、多くの人々が参加している不動産市場の中核をなすものである。

最後に、小物権を単純に否定することができない重要な理由として、行政の複

雑で矛盾した役割が挙げられる。中国の自治体は、市、区、街という3つのレベルに分かれており、違法建築はそれぞれのレベルで異なる意味を持つ。市や区の政府は、一般的に小物権を敵視している。彼らは経済発展の責任者であり、少額の投資家よりも巨額投資家を好み、土地はしばしば都市が巨額投資家に提供する重要な資産となる。小物権の店舗やレストランが土地を占有すればするほど、大規模な新規参入者を惹きつけるための土地は少なくなる。

　一方、街レベルの政府は、何百万人もの出稼ぎ労働者を受け入れ、全住民の日常生活を管理することに直接関わっている。保健、安全、衛生など特定の使命を持つ機関では、小物権所有者との密接な協力が不可欠である。例えば、経営管理局は、小物権建物にある企業（レストラン、工場、店舗など）に営業許可を与える際、村の集団がその建物が企業によって適切に賃借または所有されていることを証明することを条件とする。同様に、公安と社会の安定を担当する機関の1つである住宅賃貸局は、システム内のすべての小物権建物の登録と識別番号の割り当て、課税と移住者の管理において村の集団と協力する。住宅賃貸局の職員はこう言っている。「これらの建物が違法であることは知っていた。私たちの登録は違法性とは無関係であり、これらの建物に住む移住者を注意深く監視することで社会の安定を維持したいだけだ。」[20] 究極の順応の象徴というべきなのが、小物権建物に入居している街役場である。

中国の経験と財産法理論

　中国の事例から本書の一般的なテーマに戻ると、私たちは二つの関連した問題に直面する。一つは、過去40年間の中国の発展において実定法が果たした様々な役割と果たさなかった役割から、財産法理論の前提を再考する必要があるかどうか、もう一つは、現代の貧困社会が中国の経済成長を模倣したいとき、フォーマルな財産法を利用すべきか、どのように利用するかを考える際に、中国の経験から十分に学ぶことができるかどうか、である。より簡単に言えば、中国は現在の通説が間違っていることを証明しているのだろうか、そして、貧困世界が見習うべき中国モデルは存在するのだろうか。

20　Shitong Qiao、政府役人へのインタビュー（2012年7月1日）。

理論は間違っているのか？

　この問いに答えるには、まず新制度派経済学の創始者たちに立ち戻る必要がある。彼らの考えがどのように実行されたかではなく、彼らが書いたものを鵜呑みにするのであれば、答えはおそらく「ノー」であろう。中国は、現代の法律家や開発実務家が必要だと主張するような実定的な財産権なしに、投資を支え、市場を維持する官僚的・社会的秩序を作り上げたが、デムセッツとノースは、経済資産が実定的な規範で保護されなければならないとは主張していない。彼らは、慣習、道徳規範、精神モデル、イデオロギーといった様々な切り口から、今日の法の支配による改革者たちが裁判所、立法府、弁護士に求める役割を非実定的な規範が果たすことを明確に予期していた。そして、この洞察は他の者たちによっても進められてきた。例えば、マイケル・トレビルコック（Micheal Trebilcock）は、30年以上前にパプアニューギニアという全く異なる文脈で、同様のインフォーマルな構造について述べている[21]。

　しかし、中国の成長期に秩序をもたらした規範構造が、デムセッツやノースが予見した非実定的な規範と一致するかといえば、そうとも言い切れない。彼らも、マルクス・レーニン主義の一党独裁国家が、財産権と市場交換の役割に関する彼らの理論をこれほど力強く立証するような制度的枠組みを作り出したことに驚いているのかもしれない。もっとも、客観的に見れば、中国の経験は、両学者の基本的なメッセージと完全に一致しているように思われる。デムセッツの山岳インディアンは、自由民主主義者でもなければ、権力分立の官僚制を備えていたわけでもない。また、ノースも、スカリアの支配の法に由来する政治権力の特定の配分が、経済成長にとって唯一適切であると主張したわけでもない。

　幸いなことに、我々は、これらの問題に決着をつける必要はなく、中国の成長が標準的な処方箋に傷をつけるかどうかだけを判断することができる。貧しい国の法制度を実定主義的な西洋のモデルから得たテンプレートに従って構築または改革することを義務づける処方箋である。ここでの答えは「イエス」であるように思われるが、中国の実定的な法制度が社会的紛争を管理する上で重要な役割を果たすことがあったという証拠も存在する。シン・ホー（Xin He）[22]とベンジャミン・リーブマン（Benjamin Liebman）[23]は、民衆の怒りが社会の調和を脅かすとき、労働

21　Michael J. Trebilcock, "Communal Property Rights: The Papua New Guinean Experience," *University of Toronto Law Journal* 34（1984）: 377 頁。

22　Xin He and Yang Su, "Street as Courtroom: State Accommodation of Labor Protests in South China," *Law & Society Review* 44 （2010）:157 頁。

23　Benjamin L. Liebman, "Malpractice Mobs: Medical Dispute Resolution in China," *Columbia Law Review* 113 （2013）. Columbia University Academic Commons, http://dx.doi.org/10.7916/ D8445M3B.

問題やその他の争点を解決するために、裁判官が、どのように会議室を出て街頭を法廷に変えたかを述べている。しかし、二人の著者は、司法の法的な役割でなく、その社会的、政治的な役割を強調している。実際、彼らの論点は、法の文言からの逸脱であって、司法の正当性を証明することではない。同様に、邨村の商人の利益を確保したのは彼らがかぶっていた集団所有という修辞的な赤い帽子であって、法ではない。法は、赤い帽子が保護していた私的所有を否定したであろう。小物権の場合も同じである。法的制度に関連はするが、フォーマルな枠組みから外れている。ヴァイツェン・チェンの海外直接投資における契約と企業構造の利用についての記述でも、様式や法理は、通常は財産法に任されるはずの機能を予想外にも果たしている異様な次元で見出されたのである。

　つまり、たとえ法制度が関連する場面でも、その役割は通説的な期待とはかけ離れたものであり、郷鎮企業のように、単に存在しない場合も多いのである。さらに、この数十年の財産法の進化のほとんどは、生産請負制を筆頭に、法的根拠もなく、しばしば既存の実定的規範に真っ向から対立する形で起こったものであった。同様に、論争の的になるような事件には、一般的に裁判所が関与していないことも際立っていた。裁判所は、個人間の小さな財産権の争いには関与してきたが、社会的、政府的な重要人物によって財産が脅かされた場合、見て見ぬふりをしてきた。それでも、中国における国内外の投資家の経済的利益が侵害され、成長が止まったということはない。むしろ、そういった意味で、中国の経験が現在の定説を見直す上で重要であることを否定することはできないであろう。

　しかし、法律が経済成長に無関係と断じる前に、中国経済は、現在の中所得国のレベルを超えて発展するため、支配の法としての法制度が必要な段階に来ているのかどうかを考えなければならない。さらに、広義の開発という観点から、中国の現在の財産制度の政治的な帰結が体制の安定を脅かすものかどうかもまた検討しなければならない。

中国の「法なき秩序」は行き詰まったか？

　ケネス・W・ダム（Kenneth W. Dam）『法と成長の関連性：法の支配と経済開発 (The Law-Growth Nexus: *The Rule of Law and Economic Development*)』(2006) は、法と開発の通説から中国という現象に真摯に向き合った、稀有で有能な著作の一つである[24]。タイトルにあるように、本書は、成長における法の役割について一般的に説明したものであるが、他の多くの著作と異なり、ダムは中国を無視して

はいない。彼はその直近の歴史に直接かつ深く取り組み、財産権や契約権がほとんどない状態で成長が起こったことを認識し、「テストケースとしての中国（China as a Test Case）」と題する章で本書を締めくくっている。それだけでも本書を検討する価値があるが、さらに、彼は、中国はこれまで法なしに問題なくやってきたかもしれないが、効果的な法制度を早く作らないと破綻する可能性が高いという一般的な見方を結論として示している。この点についても簡単に検討する価値がある。

　ダムは、中国が法なしに急成長したという認識は重要だが、少なくとも最貧国である途上国に関しては、従来の常識を見直すべきという結論にまでは踏み込んでいない。彼は、中国の代用制度の研究を促す代わりに、経済成長とともに法体系を構築してきた中国の努力、つまり彼が言うところの「法的インフラの隙間やギャップを埋めてきた」ことを強調し、中国の物語をあまり大きく取り上げるべきではないと結論づけている。

　最近の中国の経験が、開発途上国における制度重視の必要性さらには中国自身における法の支配の必要性に対する反例であるという考え方を受け入れるのは、あまりに早計である。むしろ、中国の経験は、強力な法制度がなくてもかなりの発展は可能であるが、一人当たりの国民所得がより高いレベルにまで持続的に成長するには、法制度を相当程度発展させる必要があるという見解と一致するものである。決定的な結論は数十年先まで出ないだろうが、それでも、これまでの中国の経験から、経済発展において法の支配の問題が重要でないという結論に至ることはほとんどないことは明らかである。

　中国の経験が、一人当たりの国民所得が高水準に達するためには理想的な法の

21　前掲 Dam, *The Law-Growth Nexus*. 中国の経済成長が法と開発理論に影響を与えなかったという分析については、前掲 Upham, "From Demsetz to Deng, 564-70 頁を参照。経済学者が財産権抜きの中国の経済成長を扱った場合、その一般的な関連性を否定する理由を見出すことが多かった。例えば、ロナルド・コース（Ronald Coase）とニン・ワン（Ning Wang）は、「（中国の）市場変革の経験は、市場経済が機能するための法的基盤としての、確実で明確に定義された財産権に異議を唱えるものではない」として、通説を肯定している。*How China Became Capitalist* (New York: Palgrave Macmillan. 2013) 142 頁, 173 頁。著者らは、郷鎮企業の財産権の欠如は「かなり特殊」であると認めつつ、その成功は厳格な予算制約によるものであるとし、郷鎮企業を論じる上で財産権に焦点を当てることは「見当違い」であると結論付けている。彼らは、厳しい予算制約が、彼らが主張する財産法の基礎的な役割に常にあるいは一般的に取って代わることができるかどうかについては、推測していない。ダグラス・ノースは、歴史、政治、文化に対する信念に基づき、中国の成果の重要性をより積極的に認めていた。
　中国人は、現在まで、西洋のような制度を構築してはいないが、生産請負制や郷鎮企業など、同じようなインセンティブ構造を作り上げてきた。彼らのバックグラウンドや文化的遺産をもとに、独自のルールや法律を作り上げてきた。そして、今のところ、このシステムはうまく機能している。私がここで述べるのは、まだまだ道のりは長いが、しかし、西洋の制度や文化を真似る必要はない、ということである。
The Role of Institutions in Economic Development, Gunnar Myrdal lecture, UN Economic Commission for Europe, Geneva, Switzerland, Discussion Paper Series No.2003. 2003 年 10 月 2 日 www.unece.org/fileadmin/DAM/oes/disc_papers/ECE_DP_2003-2.pdf.

支配制度が必要であるという見解と矛盾しないことは、ダムの言うとおりである。また、中国の経験が逆の命題と整合的であることも同様に正しい。1990年代後半のアジア金融危機は、高騰したアジア経済が欠陥のある法制度によって崩壊する前に高みに到達することができるという証拠としてしばしば引用されてきた。確かに、タイ、韓国、インドネシアなど急成長するアジア諸国の法制度は危機を防止・抑制することができなかった。危機後になって大幅な法改正に踏み切った国もある。しかし、アメリカの法規制が2008年の欧米金融システムの崩壊を防げなかったことも、同様に事実である。実際、アメリカの金融制度の複雑さと高度さが、最終的にはアジア金融危機を単なるちっぽけな問題としか思えないほどの経済的・社会的損失を引き起こしたことは確かであろう。もちろん、こうしたアメリカの金融制度は、ダムらが中国にやがて完全な先進国として台頭できるようその模倣を促したモデルにほかならない。中国の指導者たちは、この忠告を退けたことを喜ばしく思っているに違いない。

問題は経済ではなく、政治か?

もっとも、中国が直面している財産法の問題は、さらなる経済成長だけではない。政治的な問題もある。それは、センの言う人間の潜在能力という野心的な面だけでなく、弱い財産権によって（形成されるとまではいかなくとも）促進される制度的衰退という、より直接的な面もあるのだ。

ミンシン・ペイ（Minxin Pei）は、『中国の縁故資本主義（China's Crony Capitalism）』において、共産党支配の存続は、国有財産に対する統制ラインが十分に明確でないことを原因とする腐敗によって脅かされている、と論じている。政治学者であるペイの関心は、ダムほど直接的に法と発展の問題に応えるものではないが、発展における財産の役割に関する広範な検討さえも超えた、さまざまな問題を提起している。現在の体制が崩壊しつつあるという彼の主張は、中国の法体系の分析に基づいているため、この点でも注目に値するものである。ペイにとって、本章の第1節で述べた理論の展開は、現場の事実と切り離されているだけでなく、「天安門事件以降における名目上の国有財産に関する財産権の部分的かつ段階的な改革が、これらの財産の実質的な所有権を明確にすることなく、財産の統制を分散させた」という点で致命的に不完全なものであった[25]。この曖昧さによって、「相互拒否を回避」するためにエリート間の協力が必要となり[26]、その結果、その防止、発見、起訴を

---

25 前掲 Pei, *Crony Capitalism*, 24頁。
26 同上 27頁。

阻む腐敗のネットワークが広まり、連動することになる。

　本質的な問題は、所有権そのものではなく、国家が経済の大半の名目上の所有者であり続けることによって悪化した、明確な統制ラインの欠如である。1990年代の政治、財政、官僚の地方分権化によって、国家資産の管理体制は垂直的にも水平的にも曖昧となり分断され、様々なレベルの、異なる行政階層を越えた幅広い役人間の交流と信頼を必要とする、新しいタイプの政治腐敗が生まれたのである。彼は、「相互拒否」のシステムが別の状況では腐敗を促進するのではなく抑制するものとして機能するかもしれないこと、改革初期における郷鎮企業の地理的・社会的な結束が、統制の曖昧さにもかかわらずその効果をもたらした可能性があることを認めている[27]。しかし、最近ではそのようなことはない。おそらく、汚職官僚の標的の多くが農村部の土地や不動産であるからである。それらの所有権は明確に集団的であっても、まさにペイが言うように統制が非常に曖昧であるためであろう。この文脈で、習近平が現在の反腐敗キャンペーンにおいて、土地を特別視していることは注目に値する[28][ii]。

　つまり、財産権のない全面的な発展を賞賛することは、経済的にも政治的にもまだ適切ではないかもしれない。もし、近い将来、中華人民共和国が崩壊すれば、少なくとも一つの明確な答えが得られるだろう。崩壊せずとも成長が停滞すれば、別の答えが見つかるかもしれない。最終目的地について確信を得るには時期尚早からもしれないが、ダムのような懐疑論者やペイのような悲観論者にとっても、ある観察結果は反論の余地がないだろう。すなわち、中国は、制度がなくても貧困にあえぐ国々において実質的な経済成長と貧困の劇的な削減が可能であることを疑いなく実証しているのである。我々は今、この経験が同じように貧しい国々に何らかの指針を与えることができるのか、それとも、神聖にして犯すべからざるものに対する我々の信仰をこじらせるだけに過ぎないのかを考えてみたい。

中国モデルはあるのか？

　すでに行われているように、中国モデルや「北京コンセンサス」を主張することは[29]、既存の理論を批判するよりもはるかに困難である。中国の発展において財産

27　実際、学者たちは、地方レベルの財産権制度の緩さが、その明らかな非効率性にもかかわらず、成長を促したと論じている。前掲 Wank, "Producing Property Rights," 248-72 頁。
28　「鉱業資源、土地譲渡、不動産開発など重要な分野の汚職を集中的に取り締まる必要がある」習近平、2014年1月23日。前掲 Pei, *Crony Capitalism,* 23 頁に引用されている。
29　議論については、Weitseng Chen (ed.), *The Beijing Consensus? How China Has Changed the Western Ideas of Law and Economic Development* (Cambridge: Cambridge University Press, 2016) を参照のこと。

制度が果たした役割について、明確なストーリーを構築できなければならない。つまり、通説的なモデルにおける法的権利の役割に代わって、どのような社会構造がどのようなインフォーマルな規範を生み出したのかを明らかにしなければならないのである。中国の経験は通説を否定する、あるいは弱める、と主張するだけでは十分ではない。中国の経験に基づく代替的な説明が必要であり、それは最初のステップに過ぎない。中国の投資と交流の安全保障がどのようなものであったかを十分に明確かつ一般的に判断した上で、この新しい社会的・政治的制度が他の国でも再現可能であることを証明しなければならない。結局のところ、ロストウ（Rostow）の成長段階からワシントン・コンセンサスに至るまで、西側の改革者たちが受け入れてきたあらゆる特効薬はそのような役割を担ってきた。たとえ「すべてに適合する（One size fits all）」ことがもはや政治的に正しくないとしても、ボリビア、ブルンジ、バングラデシュに対し適度な調整を加えて適合させるに足る、十分な汎用性のあるモデルとなるという核心は残らなければならない。そうでなければ、モデルもコンセンサスも存在しない。この点については、繰り返し述べておく必要がある。モデルが「ボリビア、ブルンジ、バングラデシュ」に適合しなければならないという考えは、頭韻をふんだ誇張表現ではない。モデルや「グローバル・ベスト・プラクティス」に必要なのは、全く異なる貧困国において具体的な行動を導くことができる程度の具体性を持ちながら、普遍的に適用できるテンプレートである。

　中国については、その成長を明確に、一般的に、正確に説明する最初のステップでさえ非常に困難であり、たとえ調整を加えても、それを他国に適用するという発想は非常に問題があるように思われる。実際、過去35年間の仮想的な再現でそれを複製することさえ不可能だろう。法なくして成長を可能にした多様な制度や状況は、中国国内でも再現できないだろうし、ましてや、それぞれが独自の特徴を持つ他の貧しい国々ではなおさらである。もちろん、人々は努力するだろう。一つの可能性は、視野を広げて、このモデルが現代中国のメタ的な特徴であると主張することである。儒教文化や共産党がその典型だが、このようなアプローチは、モデルともコンセンリスとも呼びがたい。いずれも行動指針を示すことが重要であるからである。他の途上国で儒教文化や中国共産党を作ることを考えていては、話が止まってしまう。

　しかし、ワシントン・コンセンサスを北京に移管できなかったからといって、一般化できないわけではない。中国の過去30年間が、財産権が経済成長に必要でないことを示しているとしても、中国の経験の法的性質と他の急成長した国々のそれとの間にいくつかの関連性を見出すことができるだろう。その一つは、違法または

非合法な状況下で成長を遂げた場合であっても、各国が法的秩序を求める傾向
があることである。その例は枚挙にいとまがないが、イギリスの囲い込み、アメリカ
の水法の変容、日本の土地改革の3つをすでに検証した。いずれも、経済的・政
治的発展のために財産権が解体されたが、財産権解体の果実が収穫された後、
つまりそれぞれの経済成長と民主主義の後に、財産権の再構築が行われたので
ある。

　よく観察すれば、本章の事例にも同様のプロセスが見出せるかもしれない。より
多くのデータが必要ではあるが、インフォーマリティ、違法化、場当たり的な制度
革新の後に、法的な実定化を含むフォーマリティへの移行が起こったと言えるかも
しれない。都市部の不動産市場や郷鎮企業の民営化などがこれにあたる。最高
人民法院は地方裁判所にも土地紛争の受理を命じたが、それが社会の調和（「路
上を法廷に（street as courtroom）」）のために行われるのか、それとも法的ルー
ルに則ったフォーマルな裁きのためなのかは明らかでない。つまり、中国の経済成
長とは対照的な、政治的発展における財産権の役割というものが見えてくるかもし
れない。

訳注
i　生産請負制、農家請負制など、多様な訳があり得る。
ii　原文脚注28の「2104」は誤記であり、2014年と訳している。

6章

理論の実践
ーカンボジア

　今日の財産理論の開発途上国にとっての重要性を考察するために、すでにわれ
われは、堅固な実定法の存在する3つの例（つまりイギリスとアメリカにおける経済
主導の例、また日本における政治主導の例）、そしてそうした実定秩序を欠く中国と
いう強力な例をみた。本章では、クメール・ルージュ崩壊後のカンボジアの財産権
を検討する。具体的には2001年制定の土地法であり、やはり実定法が中核的な
役割を担った例であるが、しかし重大な差異として、司法の役割は背景に遠のき、
財産権の解体と再生に中心的機能を果たしたのは立法であった。

　カンボジアの法制改革は、世界銀行にとって最貧国の一つというその正規の位
置づけゆえに、また技術面・行政面・財政面での国際援助への極度の依存ゆえに、
開発援助の実務家らが求める財産法の期待に全面的に応えるものとなり、その度
合いは弱小な貧困諸国のあいだでも異例なほどである。同法は、世界銀行ほか一
連の略語で表示される国際的な援助機関、つまりADB（アジア開発銀行）、CIDA
（カナダ国際開発庁）、JICA（日本の国際協力機構）、DANIDA（デンマーク国際
開発庁）、GIZ（ドイツ国際協力公社）らが解釈・適用する新制度派経済学の叡智
を、じっさいに実務に持ち込むための法的機構を創り出そうと決意した外国人専門
家たちによって、提起され、起草され、そして資金的にも支援された。同法は、あ
る社会科学理論を純粋な形で現実に適用しようというに近い試みであったから、そ
の形成と実施の検証を通じて、開発における財産権の役割についての理解をさら
に深め、またその複雑性を明らかにすることができるだろう。とくに、明解で透明で
決定的な土地権原を提供するシステムが、成長と開発の約束をどこまで実現できる
のか、検証が可能となるだろう。

　カンボジアがこのような検証機会を提供する理由は、イギリスやアメリカや中国の
例と異なり、その財産権の変容が、現地政治の動因の産物でもなく、また経済的
動因に対する市場主体の自発的で漸進的な対応でもなかったからである。むしろ、
日本の土地改革の場合に似て、それは法を改善しようという外部者の意図的な決
定によるものであった。ただこの場合の主たる目標は、民主主義の形成であるよりも、
経済成長の加速化であったが。しかし、戦後の日本では現地の政治勢力が急速に
改革プロセスを掌握していったこととは対照的に、カンボジアでは外国人専門家の

寄せ波のように打ち寄せ、統制を続けた。彼らは単に関連立法を設計したのみならず、その実施を担う官僚組織を築くために資金を提供し、監督を続けた。彼ら外国人は、既存の法との衝突に配慮する必要はなかった。というのもクメール・ルージュが実質的にほぼ全ての法曹を暗殺し、すべての記録類を破壊していたので、実定的制度に関して言えばまったく白紙の状態であった。

　このような国際機関への依存は、われわれの検討目的にとってはさらにもう一つの利益がある。法改革の全容がつぶさに監視されていた、という点である。数多くの国際 NGO や、公開説明責任を伴う援助機関の存在が、フンセン政府にとって、政策の公開的評価を避けられないものとしていた。じっさい、世界銀行のような機関の存在は、その機関自身による、またその多くの批判者による、政策評価の度重なる調査を余儀なくしてきた。各機関それぞれのバイアスはあるけれども、貧困国にとっては稀な射程と深度で、多様な視点からするデータを提供している。開発における財産理論の役割を研究しようと意図する者にとって、現代のカンボジア以上に適切な状況は見出しにくいだろう。

　本章はまず、1979 年のクメール・ルージュ崩壊以降のカンボジアの土地立法の概観を行うが、外国からの法の由来と、今日の財産理論の影響にとくに注目する。つぎに、新体制の運用に関する2つのケースを取り上げるが、ひとつは都市部で、他は農村部である。そしてカンボジアの 2001 年土地法に基づく土地権原確定の役割についての分析で、本章を結論づける。われわれが見ていくように、開発理論の最善のプラクティスに導かれた法改革は、とくに、明確な財産権を大手の投資家に提供することによって、総合的な経済開発に貢献しうるだろうが、しかしそれは、力なき貧困者が従来有してきた、そして制定法で認知されてきた財産権を破壊するというコストを伴うものとなる。

カンボジア土地法の進化

　19 世紀末のフランスによる植民地化前までは、カンボジアにおける土地は国王の財産であったが、個人は耕作を続けるかぎりにおいて土地を保有（possess）[1]し、使用し、相続人に移転する権利を有していた[1]。カンボジアがフランスの保護領となった際、個人が開墾し使用してきた土地への権利は王室布告によって認知され

1　カンボジアの土地法の一般的な議論として、Sovann Sar, *Land Reform in Cambodia* (May 2002), and East West Management Institute, *Land Law of Cambodia: A Study and Research Manual* (Phnom Penh: EWMI, 2003) を参照のこと。

たが、しかし1920年2月25日の民法典に至って初めて、ヨーロッパにおける意味での土地の完全な私的権原概念がもたらされた。1930年までには、稲作用地の殆どが 私的財産として登記されたが、しかし官僚的な能力の不足から、所有権の権原を受領したのはわずか10%であり、他は保有権の証書を受領した[2]。このような土地管理システムは1953年の独立までほとんど変わることはなく、1975年にクメール・ルージュに取って代わられるまで続いた。

　クメール・ルージュはすべての私的財産を廃止し、すべての所有権登記を破棄した。国家が全ての土地を所有し、それを大掛かりな社会主義の実験のもとで「連帯的団体」の使用のために配分した。その実験は失敗であった。クメール・ルージュの5年の支配の間、2百万人に及ぶ死者を出し、コメの年間生産量は8割減少した[3]。このような重大な損失は、教育を受けたすべての人々の排除によってさらに甚大なものとなり、1979年のベトナム侵攻によってフンセンを首長とするカンプチア人民共和国（PRK）が成立するまでには、弁護士は10名以下、医者は50名以下しか残っておらず、土地登記システムを運営するための法的・行政的あるいは技術的な能力を有する者はほとんど存在しなかった。カンプチア人民共和国の下では、土地管理システムは大きな変更はなかった。土地は引き続き国家に所有され、連帯的団体によって使用されていた。家族世帯は小さな区画を配分されたが、私的所有権を回復する努力はなされず、ましてや1975年以前に存在した所有権を回復するものではなかった。

制定法の枠組みの創出

　ベトナム人が立ち去り、マルクス・レーニン主義のイデオロギーの放棄、そして1991年の国連カンボジア暫定統治機構（UNTAC）の創設を受けて、市場メカニズムに依拠した民主的な国家に見合った法制枠組みの構築が開始した。UNTACによる1992年土地法はその準備的な第一歩であったが、本格的な改革は2001年土地法の起草によって開始した。それは、ほとんど外国人のみによって開始され、設計され、そして当初の実施が行われた改革であった。ヨーロッパや世界銀行から派遣された一連の土地登記専門家が法を起草し、つぎに、世界銀行の財政的ま

2　Sokbunthoeun So, "Land Rights in Cambodia: How Neopatrimonial Politics Restricts Land Policy Reform," *Pacific Affairs* 84 (2011) 289頁, 291頁。
3 United States Department of Agriculture, Foreign Agriculture Service, Commodity Intelligence Report, "Cambodia: Future Growth Rate of Rice Production Uncertain," January 26, 2010（www.pecad.fas.usda.gov/highlights/2010/01/cambodia/）参照。

た人的な支援による土地管理行政事業（LMAP）がその実施を担い、これは2009年に世銀の検査委員会が広範な管理不全と腐敗を摘発し世界銀行が撤退するまで続いた。日本の起草支援による2007年民法典で薄められはしたが[4]、この土地法は、中央集権的な土地登記当局で公的な[ii]登記を行うことにより排他的な所有権を確定する、オーストラリア由来のシステムを導入したものである。同制度は、土地のいかなるインフォーマルな使用や保有にも法的地位を与えないことにより、また国有地（カンボジア国家は国土の8割を実定的に所有している）を、中央政府の直轄の授権のみによって配分することにより、透明性を保障するものである。

　カンボジアを世界経済に取り込むために[5]、明確性と透明性が最重要と考えられていた。そのため、法は、1975年以前の財産権を再建するという試みを否定し、むしろ、2001年時点で過去5年間の合法的かつ善意の保有を立証しうる者に、「確定的な所有権の権原」の申請を認めた。権原確定はしかし、決して自動的ではなく、保証されたものでもなかった。申請者は「平和的で、争われることのない保有を5年以上継続するという条件を満たしていること」を主張し、肯定的に立証せねばならなかった[6]。もし保有者がこの主張を行わず、あるいは立証要件を満足できなかった場合、土地は国家に属するものとされ、これに対する取得時効の成立は認められない[7]。コモンローにおいては平穏な保有は、保有を継続する権利につい

4 カンボジア土地法の完全な説明のためには、民法典と土地法との講学的な関係について、そしてそれに関わる法典推進派、司法や司法省、土地法の推進派、土地管理都市計画建設省の土地登記委員会の間での官僚主義的な対立についての検討が必要と考えられる。日本のアプローチについての議論として、次を参照のこと：Yuka Kaneko, "An Alternative Way of Harmonizing Ownership with Customary Rights: Japanese Approach to Cambodian Land Reform." Journal of International Cooperation Studies 18:2 (2010) 1–21 頁.
5 ある政府職員は「われわれは外国直接投資を促進するため、雇用の促進のため、技術・人的能力・インフラの開発のため、また国家の資源をカンボジアの全国民の便益のために適正に管理する道として、土地取引を必要としている」と述べている。Alison Elizabeth Schneider, "What shall we do without our land? Land Grabs and Resistance in Rural Cambodia," paper presented at the International Conference on Global Land Grabbing, Institute of Development Studies, University of Sussex, April, 6–8, 2011 を参照のこと
6 第30条は次のように規定する：『なんびとも、合法的に私的保有（possession）をなしうる不動産について、本法の公布に先立つ5年以上の間、平穏で争いのない保有を享受した場合、確定的な所有権の権原を申請する権利を有する。なんびとも、不動産について5年以下の保有を行った場合、保有が5年に達してから、確定的な所有権の権原を申請しうる。確定的な所有権の権原の賦与について異議がある場合は、申立人は、彼自身が争争不動産について、平穏で争いのない5年以上の保有の要件を充足していることを立証するか、あるいは彼が当該不動産を元の保有者ないしその法的受益者、あるいは所有権の移転を受けた者、あるいはその承継者から、購入したことを立証しなければならない』。
また第38条はさらに次のように要求する『「保有は、明確で、非暴力的で、公然と公開され、継続的で、かつ善意でなければならない』。The Inspection Panel, Investigation Report Cambodia: Land Management and Administration Project (Credit No. 3650 – KH) (Report Number 58016), World Bank, November 23, 2010, パラグラフ64を参照のこと.
7 第43条は次のとおり：『いかなる場合も、国家の公的財産は所有権の時効取得の対象にならない。国の公的財産の占有者の状態は、その占有が本法に定める方法によって受験されたものでない限り、不安定で違法である。すべての違法は占有者は、ただちに区画から立ち退くことを強制されねばならず、本法の第259条によって処罰される。すべての違法な占有者は、当該不動産に対するいかなる造作や改良についても補償されることはない』。なおとくに断りのない限り、すべての法文の引用は、アジア開発銀行の支援（ADB TA 3577）とドイツの支援（LMAP TA GTZ）を受けた、カンボジア土地管理都市計画建設省による2001年土地法の英語版に依拠している。

ての反証しがたい推定をもたらすが、これとは異なり、権原を欠く占有者は、農民であろうと都市の居住者であろうと所有権を立証できず、国家が所有者と見なされる。後で見るように、このように、他の立証がないかぎり基本的に国家が所有権を有する、という建付けは、大規模な土地の配分にとって重要な結果をもたらす。しかし、カンボジアのような貧困国にとっておそらくより一層重要なことは、法が断固として認めないものが何か、である。つまり、いかに長期に公然と平穏になされたものであれ、2001年以前のインフォーマルな保有や使用は、所有権へと成熟することはなく、保有を続ける権利すらも得られない[8]。

　起草者たちは、現地の事実に依拠するのではなく、むしろオーストラリアのトレンズ・システムに目を付け、土地管理都市計画建設省（以下「土地省」と略す）の傘下に設置された土地登記所によってのみ排他的に土地権原が確定される体制を創出した。その3つの特色が特筆に値する。すなわちまず、登記は所有権にとっての唯一の道である[9]。詐欺や錯誤によって権利を失った合法的な所有者は国家によって補償されるが、所有権を回復することはない[10]。そして途上国側の文脈にとって極めて重要な点として、移転は「主管行政が作成した様式に則り土地登記所によって登記された」場合にのみ有効である[11]。この点ゆえに、そして「貧困を削減し、社会的安定を促進し、経済開発を刺激する」ために、世界銀行はLMAPを創造し、カンボジア全土で、村毎に、迅速で明解で確定的な所有権特定のための技術的専門家を供給する資金を支援した[12]。

　登記には2つの形態がありうる。一斉登記と個別登記である。前者は、事前に選別された地域で、登記所のチームが実施するもので、すべての住民に個別の権原が提供される。後者は個々の申請に対応するもので、申請者の土地のみが対象である。総合的に見れば、成果はすばらしい。2010年時点までに、登記行政は2百万件以上の権原証書を発行し、そのほとんどは農村部における一斉登記の成果であって、個別登記ではない。もっと驚くべきことに、公式の手続料金が低く抑

8 第29条：『保有（possession）のための占有（occupation）の開始は、すべて、本法が効力を開始した時点で停止する』。
9 第239条：『地籍確定の全国地図と土地登記は法的価値と正確な効力を有する』。
10 第226条：『不動産の所有権は国家によって保障される』。
11 第65条：『所有権の移転は、不動産の売買契約が、所管行政機関が作成した適正な様式による書面で作成され、土地登記部門において登記された際に、第三者に対して対抗できる。売買契約それ自体は、対象物の所有権移転の法的要件としては十分ではない』。
12 World Bank, *LMAP Project Appraisal Document* 2 http://documents.worldbank.org/curated/en/643811468770346842/Cambodia-Land-Management-and-Administration-Project（January 2002）. 当事業は、選択された11の州で開始することが予定されていた。各種の高い価値と登記制度との相関性については、以下を参照のこと。Thomas J. Miceli et al, "Title Systems and Land Values," *Journal of Law & Economics* 45（2002）565頁。

えられているために、2009 年に世界銀行の支援が撤退して以降、手続は自前で運営されている[13]。

残念なことに、こうした全体的な統計は、重要な課題点を覆い隠している。初期の問題点の一つは、一斉登記を先行して実施すべき土地の選択であった。土地登記所の戦略は、「紛争を招くおそれ」や「不明確な状態」のない地域から開始すること、そして「インフォーマル」な居住は全面的に回避するものであった。その意図は、早期の成功を通じて行政的能力や合法性を確立することであった[14]。しかし「紛争を招くおそれ」や「不明確な状態」や「インフォーマル」性は定義づけられていなかったことから、地元当局はこれらの例外カテゴリーのいずれかを当てはめながら、土地を登記プロセスから排除する実質的に自由な権能を有していた。また個々に申請される個別登記制度は、貧困世帯が扱うにはあまりに高価であったから[15]、一斉土地登記の対象から外れた地域は、法的に不確実な状況に捨て置かれた。それゆえ、権原を得た土地の所有者は意図されたように権利保全と金融アクセスの向上の便益を双方享受したが[16]、それらは市場での地価が低い地域に限られていた。世界銀行が最終的に認定したところによれば、権原確定は土地が安価で紛争が稀な場所でのみ、有効であったのである。地価が高価で「略奪的な関心」を招いた土地については、同事業は土地上の権利保全にとって、良くてもせいぜい有効性に乏しく、むしろ往々にして破壊的であった[17]。

第二の問題は、一斉登記の実施された地域で生起した。カンボジアのほとんどの人々は、土地登記所への登記によってではなく、権原証書を保持することによっ

---

13 一斉登記確定の実施を通じて、2,053,062 区画のデータが集められ、うち 8 割が農村部であり、1,500,493 件の権原証書が発出されている。さらに、607,784 件の権原が個別登記確定の実施を通じて発出されており、合計では 2,108,277 件に達した。Cambodian Council of Land Policy, *Report on Achievements of Land Reform Implementation (2002-2009) and Ways Forward through the Program Based Approach (2009-2013)* 4（June 2011）をか照。

14 World Bank, *Statement from the World Bank on Termination by Royal Government of Cambodia of the Land Management and Administration Project,*（http://web.worldbank.org/WBSITE/EXTERNAL/COUNTRIES/EASTASIAPACIFICEXT/CAMBODIAEXTN/0,,contentMDK:22303344~menuPK:293861~pagePK:1497618~piPK:217954~theSitePK:293856,00.html) 参照のこと。また、Mark Grimsditch and Nick Henderson, *Untitled: Tenure Insecurity and Inequality in the Cambodia Land Sector,* 9（2009）(www.academia.edu/8476467/Untitled_Tenure_Insecurity_and_Inequality_In_the_Cambodian_Land_Sector) 参照のこと。なおインフォーマルな定着についての定義はないため、当局の実務では、法的な占有権を有するか否かに拘らず、都市部の貧困コミュニティをインフォーマルな定住とみなしている。

15 公式の料金は妥当な水準が、インフォーマルな類いの「料金」や手続を取り扱う仲介業者の雇上げが全体としての費用を高めている。「わずかな一筆」の個別登記の推定費用は 600 ドルから 800 ドルであった。他の情報源は個別登記の費用を 2500 ドルとしていた。情報源はいずれも、インフォーマルな費用は土地のサイズやや立地、つまりは地価に応じて多様であるとした。

16 2005 ～ 2006 年に実施された一斉登記対象地域 1,236 世帯に対する統計調査では、権原証書を手にした 83%が「受給して満足しており以前より保全された」と感じるとした。World Bank, *Inspection Panel Report,* パラグラフ 248 参照。

17 World Bank, Inspection Panel Report, パラグラフ 294 参照。

て、所有権が形成されると信じており、このため人々は土地の移転を売買契約と権原証書のみに依拠して行い、登記はしない。このような形式は新しくもないしカンボジアに特殊なことではなく、世界的に、権原確定事業に伴って同様に見られることである[18]。フランス政府の白書が途上国世界各地の権原確定事業について認識しているように、「研究室で作られた（登記）はしばしば機能せず、なぜなら、それらは更新されることが滅多にないためである」のであって、つまり登記はしばしば「2～3年もすれば現実と書類上の状況に齟齬を生じ、権利の保全を危うくする原因となる」[19]。

　正確性は、行政実務や詐欺によってさらに浸食される。地元の土地行政職員は現地の査察よりも書面に依拠するのが通例であり、ということはつまり、平穏に土地保有を続けてきた、そしておそらく前体制のもとで登記を有していたであろう農民たちは、偽造文書を有する主体によって土地を剥奪され兼ねない[20]。地域社会がもっと法の知識を有し、後続の移転における登記の必要性を知っていたならば、こうした問題は多少とも解消していたかもしれないが、しかし、他の貧困諸国の経験と同様に、カンボジア政府は登記の必要性に関する一般の認識を醸成することに失敗したため、長期的成功の基盤を提供できなかった。

　しかし完ぺき主義を評価基準とすべきではない。欠点はあったとはいえ、登記は明らかな肯定的な成果をもたらしている。一斉登記が金融アクセスを改善しているという証左が示されており、多くの銀行は登記済権原証書を抵当権やその他の金融の目的物とするであろう[21]。また権原証書は、比較的同等の地位を有する

---

18 次を参照のこと。Angelique Haugerud, "Land Tenure and Agrarian Change in Kenya," *Africa* 59 （1989）では「改革以降、ケニア政府が土地登記を更新する能力を有した場所は皆無である」としている。また Thomas C. Pinckney and Peter Kimuyu, "Land Tenure Reform in East Africa: Good, Bad or Unimportant?" *Journal of African Economies* 3 （1994）: 1 頁, 22–4 頁では「登記の公式な変更は時間がかかり高価である…そのため、ケニアの土地登記は問題を解決するよりも、様々な点でより多くの問題を生じてきた。地元コミュニティにとっての一つの対策は登記制度を無視し、伝統的な土地制度に戻ることである」としている。ケニアは土地権原証書のとくに良好な実施例だが、こうしたパターンが浸透しているのである。より一般的には次のフランス開発庁の白書を参照のこと。Agence Francaise de Developpement [French Development Agency], *Land Governance and Security of Tenure1 in Developing Countries* （2009）（www.agter.asso.fr/IMG/pdf/land governance-and-security-oftenure-in-developing-countries.pdf）参照。
19 前掲 French Development Agency, 61 頁。このフランスの白書は、「先進諸国の開発機関による…土地制度に対する狭量な技術的アプローチ」を厳しく批判し、貧困諸国の農村部の土地刊行の複雑さを認知することに失敗したとする。LMAP の長期的な有効性に対する疑問を述べつつ、「土地管理は誤った法制度の上に土地登記制度を上から押し被せることによって改善されるものではない」と結論づけている。
20 2016 年夏場における Gabriele Wadlig による、O'voi Preng の土地紛争に関わる村民や司法扶助担当弁護士へのインタヴューによる。
21 2016 年夏場における Gabriele Wadlig による、民間の不動産専門弁護士、および元世銀コンサルタントとの O'voi Preng の土地紛争に関わる村民や司法扶助担当弁護士へのインタヴューによる。
22 2016 年夏場における Gabriele Wadlig による、国際 NGO の現地代表へのインタヴューによる。特記すべきは中国の裁判所との類似性であり、個人レベルの小規模な紛争には有効であるが、強力な利害が関与する局面では一般的に有効でない。

コミュニティの成員相互のローカルな紛争にとって有益であるとも証明されている[22]。さらに、カンボジアの一斉登記制度の権原一筆当たりの費用は、少なくとも「非公式の料金」を勘定に入れなければ、世界でも最も低廉である。にも拘らず、この任務のスケールは気の遠くなるようなものであり、カンボジアの土地区画の総数は、一千万筆を超えると推定されている。今の進捗度では、たとえ「争いが起こる可能性がある」土地の登記について要する時間と資源が現在までの権原登記に要したと同等だと仮定しても、全国の権原確定を完了するには何十年もかかるであろう。

しかし、公的には国家がカンボジア全土の土地の8割を所有していることから、既存の私的所有権の登記は、国民の土地に対する需要に応えるための回答の一部でしかない。一つの方向性は、2001 年以前のインフォーマルな占有者の保有や使用を公的に認知する道であったろうが、しかしそれによって登記制度の明確性が犠牲となることが懸念された。代わって、投資家および土地なし貧困層のそれぞれに対して国有地のかなりの区画を直接移転する「経済的社会的土地コンセッション」なる二元的な制度を導入することで、法は登記制度の透明性や確定性を保全した。

これらのコンセッションの実施は、双方とも、国有「私用」地に留められている。土地法は国有地域を2つのカテゴリーに分類している。国有「公用」地は、インフラ建設などの公用に供せられる通常の土地、および自然保護地区や文化的遺跡などの本来的に公的性格を伴う土地の双方を含む。国有「私用」地はその残余のカテゴリーであって、土地コンセッションに活用可能である。国有公用地は、まず国有私用地に転換されない限り、民間主体に対する配分の対象とはできない。残念なことに、いずれのカテゴリーの基準も、またその転換のメカニズムも不明確であり、また国有地について委託された地図作成、地積分類、登記について公開された参照可能なデータベースが作成されていないことが全てのプロセスの不透明性をさらに深めてきた。いくつかの例ではカテゴリーの転換の妥当性は明白であるが（空港の廃止や公立学校の閉鎖など）、しかし、以下に見るように、多くのケースで妥当性は明白ではなく、とくに明確な基準や行政の透明性を欠く局面では腐敗や詐欺を招きかねない。

国際的な法改革家のごとく

カンボジアの法改革を理解する上で重要なのは、教学的な細部のみならず、むしろ外国人専門家によって行使された、法の形成と実施における前例のない影響力や支配力である。世界銀行、現地側の援助機関受入れ窓口、またアメリカ・日

本・ドイツ・デンマークといった西側の政府が、一個の最貧困国において創設しようと取り組み始めたことの重大さは、驚くべきものである。それは、ジェームズ・スコットが「国家のごとく」と呼んだことの例示であり[23]、つまり政府の特定の目標を追求するために、社会に対して行われるトップダウンの官僚的な地図作成だが、この場合とくに、外資に明確な土地権原を提供すること、および土地なし層の問題を解決するという2つの目標が追求された。スコットによる事例研究は、スターリンの農業集団化、毛沢東による人民公社の形成、またタンザニアのニエレレによる「村落強制移住」を含んでいた。カンボジア 2001 年土地法と同様に、これらはすべて、改革者にとって前近代的な無秩序でイデオロギー的立ち遅れと見られていたものを、秩序立った、透明性の高い、合理的な農村セクターを作り替える試みであった。

しかしカンボジアの例で特筆されるのは、それが外国人専門家によって、世界的なベスト・プラクティスとしての触れ込みで、また対象社会における実質的な無知ないし無関心のもとで、設計されたことである。スターリンや毛やニエレレについて言えることは、彼らは対象社会について知っていた。対照的に、カンボジア土地法の起草者たちは、現地社会の慣行を反映しようとする、あるいはそこに接続しようという素振りは、2001 年以前の保有の認定以外には、一切見せなかった。

他にも相違点はある。イデオロギーの躍動性は、その一つである。スターリンや毛やニエレレは、単に資本主義的ないし前資本主義的な生産構造を集団主義的なそれに転換するのみならず、ブルジョア的方針を社会主義的なそれに転換することを意図していた。今日の開発諸機関の多くは、少なくとも明示的なイデオロギー的目標はない[24]。じっさい、多くの国際機関は政治的動機による事業を行うことは、法的に禁止されている。しかし、よりつぶさに点検すれば、一貫したイデオロギーが浮かび上がってくる。そのイデオロギーとは、LMAP と土地法のレベルにとっては、本書第2章で述べた新制度派経済学の理想形であり、それに付随する、明確な法

---

23 James Scott, *Seeing Like a State: How Certain Schemes to Improve the Human Condition Have Failed* (New Haven and London: Yale University Press, 1998)。植民地主義の法的側面に類似することもまた特筆される。フランス開発庁の白書はその類似性に言及し、植民地化プロセスを「財産権をトップダウンで形成するもの」であり、また植民者のために「紛争の余地のない」土地権利を確保するために、「既存の占有権」を無視するものであったと表現した。前掲 French Development Agency, 24 頁。

24 一つの例外はアメリカであり、たとえば国務省の「民主主義・法の支配・労働プログラム（DRL）」などの手段を通じて、弁解なく、あからさまに、諸外国の国内政治の変化を目的としてきた。 以下の参照は United States State Department Bureau of Democracy, Human Rights, and Labor, DRL Programs, Human Rights and Democracy Fund による『しばしば政治的に敏感であるが、HRDF（Human Rights and Democracy Fund: 人権・民主主義基金）のプログラムは 民主主義の促進と個人の自由に劇的な影響をもたらしている。これらのプログラムによってアメリカは、人権侵害を減らし、世界中の民主主義活動家を支援し、奮闘し生まれ出ようとする民主主義と権威主義体制との政治的な空間を広げ、積極的な変容をもたらしている。ときには、DRL の HRDF プログラムは、社会を変えようと闘っている市民たちにとって唯一入手可能なアメリカの援助となっている』。2016 年 12 月 2 日時点、www.state.gov/j/drl/p/index.htm 参照。

的権原がコース流の取引を促進し経済的成長と開発に寄与するという信念である。

　あるレベルでは、このイデオロギーはスコットの挙げた社会主義の事例とさして異ならない。コミュニティの経済的構造と集団的行動の代わりに、所有権は私有化され、行動は個別化されている。政府は、積極的に社会を形成する主体としてまた経済の直接参加者としての役割から、判定役としての役割へ、そして特にアメリカのように法制度が政府から別個に存在していると見なされる社会では、国家の役割はさらに背景へと消えゆく。土地法、またより一般的な法改革は、国家による計画策定のアンチテーゼともいうべき方法で、個人を市場行動へと解放する。それらは、国家の力を最大化するよりもむしろ、最小化する。

　国家は交通警察官の役割に追いやられるとの仮定に立った基本的政策は、しかし、達成すべき政策の理想的な目標を見誤っている。それは、経済学者をあまりにもしばしば惑わせる涅槃世界に関するデムセッツの警告を見落としており、しかもさらに皮肉なことに、それは、新自由主義世界を形成し維持するという政府の大いなる役割という残酷な事実さえ、見落としている。こうした事業は、オーストラリアのような富裕な社会において何世紀にも亘る官僚主義的な政治的な試行錯誤を通じて達成されたものだが、しかしカンボジアのような最貧国において、全くのゼロからの積み上げとならざるを得ず、しかもそれは一気に形成されねばならなかった。

　個々のカンボジア人を、自己利益のために行動するように解放すること、言い換えれば、国家がまずは、比喩的にかつ文字通りに、全土の地図を策定し、そして次に、個々の区画を特定の個人に配分する。その後に、地図作成や土地配分の正確さを問わず、国家は、必要に応じて権力を用いながら、新たに形成された法的権利義務の体系を、すべての人々に賦課する。そこでは、土地を使用、保有あるいは所有するための優先的な倫理的、慣習的ないし社会的な請求権を有すると地元社会で信じられている人々に対して、土地アクセスを否定する帰結も含まれる。これらすべての条件が達成され、維持されて初めて、個々のカンボジア人は、国家の介入から自由となった市場に参加することができる。

　そして、それだけではない。個々人を自己のために行動すべく解放するだけでは、LMAP が望むような効率的な市場を形成するには十分ではない。取引費用という厄介な現実が残されている。デムセッツの5つの仮定が、先進社会においてすら真実ではありえないことを思い起こすとき、自主規制の働く土地市場をカンボジアにおいて形成することは不可能であるように思われる。しかし次善の近似解が、機能面で代替物たりうることを思い起こせば、楽観論の理由は見つかる。カンボジア土地法が依拠したトーレンズ制度は、オーストラリアでは十分よく機能しており、他の地域

でも広く適用されうる。オーストラリアは最貧国と異なり第一世界に属するが、しかしカンボジアはこれに対抗する優位性がある。つまり法的に白紙の状態にあること、実質的に無尽蔵の外国人専門家、強力で熱心な政府パートナー、そして十分な資金。さて、カンボジアにやれないことがあろうか?

実施のプロセス

　あまり修辞的でないこの問いに、部分的なりとも答えを得るために、以下で2つの事例を見ていく。ただその前に、それら事例の背景について多少の知識が必要である。まず初めは、土地政策の力点が、土地無し層と社会的土地コンセッション（SLC）にではなく、むしろ投資と経済的土地コンセッション（ELC）に置かれていた事実である。ELC は全土の多様な目的のために形成されていたが、改革の社会福祉的な面は理想論に留まっていた。地方政府が都市部のインフォーマルな住民に対して実施した移転は、かなりアドホックに行われており、主に経済的志向のプロジェクトが土地無し層の問題を緩和するよりも悪化させたことへの対策としてであった。そのため SLC は、本来は貧困なカンボジア国民の財産に対するニーズに応える秩序立ったメカニズムとなり得るはずであったが、その約束はほとんど実行されなかった。ある NGO は、「関連する法に基づき達成された SLC は一つもない」と報告していた。むしろ、それらは「逆に貧困者に土地を提供するよりも、彼らから土地を盗むために用いられた」[25]。

　ELC もまた問題を抱えており、その一つはプロセスの不透明さであった。つまり、「政府はしばしば公的資産の売却ないし賃貸を行っていたに拘わらず、あらゆる投資分野で合意された何十件もの商業的取引が、プノンペン当局によって秘密事項とされていた」[26]。他方で、民間セクターは、内通した個人が ELC 事業に含まれる見込みの土地に移り住み、立ち退き補償を得ようとしているという問題を提起している。他にも、腐敗あるいは少なくとも戦略的思考を示唆することとして、ELC は政治的に時期を選んで実施されている。多くのコンセッションは選挙の直後に供与さ

---

25 LICADHO, *Land Grabbing & Poverty in Cambodia: The Myth of Development*, (Phnom Penh: LICADHO, 2009) (www.licadho-cambodia.org/reports/files/134LICADHORFportMythofDevelopment2009Eng.pdf)。 登記の更新の失敗と並んで、登記所が中央集権的であることが、本来の受益者よりもインサイダーに機会を提供している傾向が予想されうる。フランス開発庁の白書では、土地の権利が「しばしば土地登記の運用中に、合法的な権利保有者を排除し、地方や国の『エリート』を利するよう操作されていた」と記述している。前掲 French Development Agency, 61 頁。

26 2010 年 4 月 14 日付 Phnom Penh Post 誌掲載の Robert Carmichael 筆 "Conflicts Simmer Over Land Concessions"。

れているが、一部はそれ以前であり、こうしたことにしばしば伴う否定的な報道を避けるために時期を選んでいることが示唆される。異例ぶりの程度はしかし、判然と指摘するのは難しい。ある人権派活動家は、適切な通知や有効な異議申立てがなされていないのは、政府が、対象コミュニティが小さく政治的に脆弱である場合に限って、政府が民間企業への土地譲許を無差別に実施しているためだと批判した。これに対して、民間セクターの代表は、不適切な否定的報道が「ある地域に在するすべての企業を等し並みに断罪」しており、また企業の社会的責任に敏感な西洋の投資家たちをカンボジア市場全体から遠ざけ、ベトナムやタイを利するばかりとなり兼ねないという懸念を語っている。

ボンコック湖事件の事例研究

ボンコック湖はプノンペンの中心に位置し、他のすべての都市部と同様に、クメール・ルージュ体制の末期には実質的なゴーストタウンであった。1980年代にはしかし、かつての住民が戻り、また闘争が続いていた国境地帯からの難民も加わり、1991年までには湖周辺の土地はほとんど全面的に占拠されていた。事実、カンボジアの最初の選挙では、投票を獲得しようとした各政党が住宅開発を謳い、多くの住民は所有権の証明とするべく発行された多様な系統の書類を有するに及び、それには「家屋番号の通知、世帯簿、小規模のインフラ改善、土地売買契約の公証」等が含まれていた。1990年代末には、この地域に大量の外国人観光客が流れ込み、主にバック・バッカーであったが、多くのゲスト・ハウスが湖周辺や水上の橋脚上に建設された。付随的なサービス（飲食店、酒場、市場、建設会社など）が勃興した。2000年までには、湖一帯が「密集した定住地となり、多くの資産がその所有者たちによって改良されていた」。その一年後の調査では、約7割の住民がここで定着し、住宅を改良したいと回答していた[27]。

政府の促進策にも拘らず、このような定着は法的に不確かな状況で進んでいた。「天然湖」として、湖それ自体は明らかに国有公用地であったが、しかし乾季の水位より上位に位置する湖岸は、国有私用地とされ、それゆえ制定法により公的な権原確定の対象となりうる土地であった。また付近には鉄道線が通っており、現状でインフォーマルに占拠されていたが、元来は国有公用地であって、ゆえに権原確定の対象となり得ない土地であったが、ただし鉄道は長年運営されていなかった

27 原文は前掲 World Bank, *Inspection Panel Report,* パラグラフ 84, 85 参照。

ので公用地としての地位は失われていたとも考えられる。また鉄道当局は1980年代、職員に近隣の土地に定着することを奨励していた向きもあり、その用地分配を確証する書類を供与していた。最後に、明らかに公園や動物園として利用されていた他の区画も存在しており、そのため国有公用地であると「推定」されたが、しかし地籍調査が行われたことも、その旨を登記されたこともなく、地権のカテゴリーに疑いが持たれていた。これらの状況から、世銀の検査委員会は「問題の土地は、国家、既存の保有者またはその他の申立人による紛争が司法プロセスによって解決されるまでは、国有私用地である」と結論づけた[28]。

それゆえ、2001年土地法の公布時点で、上述した各種の資格書類を有する多くの住民は、公的な土地権原を受領する見込みについて楽観的であってよい理由があった。彼らは当該地域に何年も住まい、事業を起こしコミュニティを形成しており、LMAPがまさにその目的で設置されたところの経済社会的利益を構成していた。こうした見通しは、一連の幸先の良い出来事によってさらに強められていた。2003年に、政府は、プノンペン一帯のインフォーマルな定住を大々的に格上げすると通達していた。また2004年には、該当地域に特化した国際的デザイン競技会が実施され、そこでは占有者たちが湖周辺の土地・建物の改善を享受すると前提されていた。また2006年にはプノンペン市役所が、LMAPがこの地域で一斉登記を実施するであろうと通達していた。

住民たちは認定を求めて請求を行うべく準備していたが、しかしそのような手続はいっこうに開始しなかった。当初、権原確定はこの地域が国有公有地であるとの理由で否定された。その後、政府が2007年2月6日、政治的に関係の深い不動産開発業者シュカク社に対し、133ヘクタールの土地について99年間のリース契約を790万ドルで締結したと発表した時、すべての企画は崩壊した。そこには湖じたいをも含まれており、国有公有地としての地位に拘らず、その一部では埋立て開発が予定されていた。つづいて2008年8月7日、政府は、この地域を国有私用地に転換し、プノンペン中央市街地「カンボジアの真珠」としての商業開発に法的なお墨付きを与える旨の政令を承認した[29]。

立退きへの圧力は直ちに開始し、プノンペン市役所による最終的な退去通知は2009年4月に発出された。住民は3つの選択肢を与えられた。彼らの資産に対する包括的補償として8,500米ドル相当の一括払い、市内から20キロメートル余り離れた移転団地の「居住ユニット」、あるいはボンコックにおける代替家屋であ

---

28 前掲 World Bank, *Inspection Panel Report,* パラグラフ 88。
29 前掲 World Bank, *Inspection Panel Report,* パラグラフ 92。

る。8,500 米ドルの数字は著しく不適切へであって、おそらく日本の農地改革で所有者に提供された金額と同様に、完全補償からは程遠いものであった。この地域の市価は1平方メートル当たり3千米ドルと推測されており、50 平方メートルの平均的な区画では、構造物や商業的のれんなどの価値を除いても、15 万米ドルほどの市価を要するはずであった。多くの住民はより広い区画を保有し、しばしば多様な改良を重ねていたから、現実的な選択は、近隣の類似の場所を購入するためのより大きな資金源を見つけるか、あるいは市の郊外で居住と生計の再建を図るかであった。

ほとんどの住民は立ち去ったが、しかし彼らは平穏には立ち退かなかった。彼らは警察や開発業者のハラスメントや政府の報復を恐れ、抵抗を為し得ないと感じたと報じられたが[30]、コミュニティは実際には土地登記委員会に不服申し立てを行ったし、また司法に対して、立退きの合法性についての判断が行われるまでの実施延期のために差止請求を申し立てた。裁判所は、われわれが次に見る事例と同様に、管轄権を否定し、この問題は土地登記委員会で解決さるべしと判断した[31]。土地紛争が取り扱いに余りあるほど加熱している局面を知っているのは、中国の裁判所ばかりではないように思われる。

しかし、中国の農民たちとは異なり、ボンコック湖の住民たちは他の選択肢を有していた。世論という裁判所、つまり国際的 NGO や世界銀行である。2009 年 9 月 4 日、ジュネーブに基盤を置くある NGO が、匿名の住民たちを代表し、調査請求を提起した。「請求者」、というのが当該手続の申立人たちの呼び方であるが、彼らの一連の申立は、(1) 政府による権利カテゴリーの操作により彼らは土地法の定める財産に関する司法審査の機会を逸したこと、(2) 事業は、彼らの土地保有を実定的に保全することを明確な要件としていたに拘わらずそれを失したこと、(3) この要件の不充足ゆえに、LMAP は約束した権原の保全を提供しなかったのみならず、既存の権利を事実上弱めたこと、そして、(4) ボンコック湖の状況は、カンボジア全土の LMAP のその他の事業群で繰り返されていること、などの主張を含んでいた。委員会は、これらの主張のすべてが捜査・検証によって裏付けられたと認定したが、ここで我々の注目に値するのは第三点と第四点である。

もし世界銀行の目標が、明確な財産権の提供によって投資を増大することのみにあったとすれば、第三点の請求は的外れと言えたであろう。結局のところ、生産

---

30 彼らやその配偶者たちの多くは市役所に職があり、言えのみならず仕事をも失うのではないかと恐れていた。住民はまた「警察や会社のスタッフが、彼らの抵抗を弱らせるために四六時中嫌がらせを与え、また彼らの一部は泣く泣く、家を自ら壊すよう強制された」と報告している。前掲 World Bank, *Inspection Panel Report,* パラグラフ 100。
31 前掲 World Bank, *Inspection Panel Report,* パラグラフ 97-101。

性の低い使用者から、より高い使用者への財産の移転は、新制度派経済学にとってのまさに聖杯である。取引費用が市場における交換を阻害するとき、つまりペンシルバニア石炭会社と下流河川の所有者との関係でみた状況では、政府がより効率的な使用主体に権利を与えることが望ましく、この例においてのシュカク社は、いまだ実定的な権原を欠く個々の住民よりも間違いなくより生産的に、ボンコック湖を開発できた可能性が高い。もちろん、すべての可能性の中で最善の場合には、住民は完全補償を受給し得たかもしれないが、しかしイギリスの囲い込みやサンダーソン事件で見られたように、そのプロセスは必ずしも任意かつ簡単にはゆかない。あるいはカール・ポランニーの用語を用いれば、ときとして、富裕者による貧困者に対する革命が、成長を加速するためにはまさに必要とされることがある。さらに言えば、カンボジアの役人たちが住民の居住地について一斉土地登記を避けるために、当初の国有私用地から国有公用地へと器用にカテゴリーの付け替えを行い、そしてその後さらに、商業開発を認めるために再び国有私用地に戻したように、移転を有効にするために法制度を操作することは、サンダーソン事件で見たクラーク判事による「自然」の利用以上に悪質とはおそらく言えない。

　このシナリオの問題性は、単に冷血な不正というだけではなく、貧しいカンボジア国民に土地へのアクセスを保障することで貧困削減を実現するという、LMAP の目標を無視した点にある。鳴り物入りの土地権原確定事業が権利の安定性をむしろ悪化させたと認めることは、たとえ責任を世界銀行プノンペン事務所の職員たちに押し付けて狭く処理しうるとしても、容易なことではない。しかしこのことの意味はより広範なのであって、なぜなら土地権原確定プログラムそのものが、より一般的な批判に晒され得るためである。請求者たちの第四の主張は、カンボジアにおけるその他の LMAP 事業に拡げられた。パナマ地域における類似の問題群について、すでに捜査請求が上程されていた[32]。またメディアや、NGO、また学界の批判が開発途上国における「土地剥奪（land grabs）」に向けられ、あらゆる権原確定事業を世界的な監視のもとに置き始めていた[33]。

　これらの状況からして、請求者の主張に関する委員会報告の認定の最終的な

---

32 World Bank, The Inspection Panel, Investigation Report No 56565-PA, Panama; Land Administration Project (Loan No. 7045-PAN), September 16, 2010 参照。当報告書は、カンボジアの報告書とは異なり、世界銀行の特定的な管理の失敗を認定してはいないが、しかし類似の権原確定事業の問題を記しており、とくに先住民族への影響を含んでいた。

33 例えば次を参照のこと：Center for Human Rights and Global Justice, *Foreign Land Deals and Human Rights: Case Studies on Agricultural and Biofuel Investment* (New York: New York University School of Law, 2010)、また、より一般的には、Saskia Sassen, *Expulsions: Brutality and Complexity in the Global Economy* (Cambridge, US: Harvard University Press, 2014) を参照。

表現は、報告の証拠そのものが求めるところからすれば、かなり表現を和らげた形であったのも理解できる。にも拘らず、委員会は批判に直面し、一仕事を迫られた。委員会はまず、「伝統的な、慣習的な、あるいは非公式の土地の権利システムによる保全の度合いは、とくに都市部では、1990年代初頭から大幅に減退した」と記述し、また「一部の土地は権原確定手続の対象からの裁量的に排除され、とくに貧困で脆弱な住民から、LMAPのもとで…彼らの既存の権利を主張し公認を受ける機会を否定された」とした。この失敗から導くべき教訓は明白であり、官僚的な慎重さをもって表現すれば、つまり「土地権原確定それじたいは、幅広い文脈における多様な社会・経済的政策目標を達成するものとは期待できない」ということである。報告書はさらに続けた。権原確定は、土地をめぐる競争が少なくそれゆえ紛争も少ない状況では、有効であると検証されたが、しかし「地価の上昇が著しく、それゆえ略奪的な利益を誘引しうる状況で…権利の保全を向上させるには」有効であったとはいえず、むしろ非生産的であったと[34]。

報告書の最終的結論は、検討に値する。委員会は、土地権原確定は、所有権の確定が必要ではない状況においてのみ、有効であると認定した。公認された権原は金融アクセスを向上しうるが、この便益はLMAP事業の費用には到底釣り合わない。とくに、委員会もそのように結論づけているが、この便益は、権原確定された土地が盗むに値するほどの価値に高まるか、あるいは土地取引を登記する慣行が広まらない失敗によって登記の確定性が失われるならば、消滅する可能性が高い。これはグッド・ニュースの場合である。バッド・ニュースは、報告書結論の後半に出てくるが、地価が高いかあるいは高まった場合に、権原確定事業が「権利の保全」をむしろ『脆弱化』させてしまうということである。端的に言えば、LMAPは、貧しく脆弱な人々の財産権を破壊し、それを富裕で人脈のある人々に移転したのであった。

このような判断が、権原確定プログラムを先陣切って推進してきた機関自身から提示されたことを思えば、この結論はまことに事態を深く攪乱するものであった。しかしカンボジアの土地秩序についての一般的な判定を試みる前に、われわれはボンコック湖の事例が土地法における典型的なELCの事例であったわけではない点を思い出すべきである。一国の首都である最大都市の中心地における、133ヘクタールの目抜きの不動産が手に入るとなれば、自己取引や、官民の通謀や、政治的な

---

34 原文全容について、前掲 World Bank, *Inspection Panel Report,* パラグラフ 256, 263, 294 参照のこと。

裏取引が起こりかねないのはいずこも同じであって、法の支配の規律の砦たるアメリカですらしかりである[35]。そこで、われわれは次に、新法の活用のより典型的な例として、最も無鉄砲なオーストラリアのバック・パッカーたちにすら殆ど知られていない、カンボジア南西部の農村部における、コッコン砂糖プランテーションの形成ケースに目を向ける。

コッコン砂糖プランテーションの事例研究

　ボンコック湖の事例と同様に、われわれは主に、虐げられた側の議論のみならず、非難された側の提出物や抗弁を参照、記録、分析している公式の調査活動に依拠することとする[36]。このケースの審査は、世界銀行の調査委員会ではなく、タイの国家人権委員会が対応した。2010年1月、コッコン州スリアムバル（Sraeambal）地区の3つの村落における何百もの世帯を代表し、コミュニティ法教育センター（CLEC）が牽引するカンボジア基盤の国際的NGOの連合体によって、申立ては行われた。申立ての趣旨は、タイのアグリビジネス企業であるコーンカーン砂糖工業公開会社が、カンボジアの政治家や台湾投資家と共に、ELCを活用し、カンボジア土地法に反して申立人たちから土地と用益権を奪ったとするものであった[37]。

　申立人、多くの第三者的調査、また2015年3月の人権委員会最終報告書によると、当事業は開始時点から違法であった[38]。2006年3月、カンボジア内閣は、コッコン砂糖工業会社およびコッコン砂糖プランテーション会社に対してそれぞれ1万ヘクタールに近い2つの隣接しあうELCの設定を承認した。表面的には別個のカンボジア国民に所有されていたが、2つの譲許はいずれもコーンカーン社の子会社であり、明らかに、1万ヘクタール以上のELCを禁止する土地法の制限を掻い潜って、合計で18,641.6ヘクタール（約46,064エーカー）を狙う意図であった。

　住民に対する立退き圧力は、2006年8月のELCの公式の締結前から、また必

35 大規模不動産開発事業を成功させるうえで間違いなく必要である政府と開発業者との密接な関係について、詳細な検討したものとして、ニューヨーク市のマンハッタンビル開発に関する第一審裁判所の却下判決 Kaur v. New York State Urban Dev. Corp., 2009 NY Slip Op 08976 (December 3, 2009) 参照。これを覆したニューヨーク控訴審裁判所の判決については、Kaur v. New York State Urban Dev. Corp. 2010 NY Slip Op 05601 (June 24, 2010) 参照。
36 National Human Rights Commission of Thailand, Findings Report No. 115/2558, March 10,2015.
37 請求者らは、われわれが焦点を当てている2001年土地法を超えて、タイ・カンボジア・国際的な多様な規範的根拠に基づき、強制退去・教育や雇用の機会喪失・児童労働・身体的被害など、財産権以外の多様な権利の侵害を主張し、委員会はそれらを認容した。人権委員会の報告書である Findings Report, 3.1 節 "Types of Human Rights Violations and Resulting Damage" (5–8 頁)、また 4 節 "Relevant Laws, International Covenants and Guiding Principles" (20–26 頁) 参照。
38 以下の論述は、明確さに資するよう単純化している。完全な時系列については Findings Report 3.1.1 Timeline (2–5 頁) 参照。

要な通知や公聴会や環境アセスメント等がまだ何ら実施される以前から、開始していた。住民は抵抗し、翌年月までにはプノンペンに抗告を提起し、内務省は、虐げられた農民たちと、企業側代表、またCLECとの会合の開催に追われた。その後は、何年もの交渉、勧告、地元裁判所への実りの少ない控訴[39]、一部の補償、引退あるいは脅迫による村人の退出、そして最後にCLECによるタイの委員会への申立てへと続いた。

非合法性は、手続的な瑕疵や1万ヘクタールの制限要件に留まらず、土地法の意図した目標の中核を揺るがすものであった。つまりカンボジアにおける財産権の認定・確定の問題である。土地法による権原確定は、忘れてはならないことだが、2001年以前の5年間の公然かつ合法的な土地の保有を継続する誰もに、公的な権原の申請を認めていた。ボンコック湖の住民より以上に、スリアムバルの農民はこの条件を完全に満たすことができた。多くはクメール・ルージュ体制の末期までにはすでに定着しており、なかには70年ほども前に遡るいくつかの例もあったため[40]、彼らの権利の解体は、直接的に法に反するものであった。そして、失われたのは土地の保有だけではない。コンセッションは4つの異なる種類の土地を含んでいたが、コーンやキャッサバやスイカやカシューナッツなどの果樹に適した高度に肥沃な高原地、放牧や稲作に適した氾濫原、住宅地、そして森林である。このうち森林は放牧のために、また住民が生活用にあるいは一部は町の市場で販売もする籠類・木炭・伝統的薬品などに用いられる、各種のブドウ、ラタン材、ゴム油、はちみつ、各種の果実、薬草類などの採取の場であった[41]。

村人たちがたとえ宅地とわずかな農地を留保できた場合にも、彼らの生計は大いに影響を受けた[42]。人権委員会は、影響を受けた世帯のコメ生産高の平均値はタイ・バーツで21,904から8,322へ減少したと認定した。果樹園の収益は合わせて2,087,201から45,522バーツへと減少し、3つの村落のうち1か村では全て廃業したとした。家畜の価値は全体で28%低落した。収入の損失は、生活費の上昇とともに、多くの住民が自作農の地位から一時的な農業労働者の地位に転じたことで、

39 *Findings Report*(6頁)ではカンボジアの司法の対応について以下のように記している：
『違法性が訴えられている会社とカンボジア政府との土地コンセッションの問題について、2007年、220世帯がコッコン裁判所に訴訟を提起し、市民は土地コンセッションの過程について何ら知らされず、参加の機会も与えられなかったと主張した。その後、会社は訴訟を提起した市民と交渉し補償を行おうとした。2009年、12名の原告が訴訟を取り下げることを了承したが、203世帯はなお訴訟に残された。2013年、ボンコック湖事件の裁判に続き、コッコン事件の裁判所は訴訟を終結し、土地登記委員会の審査手続きに事件を送致した。同機関は一定の類型の土地紛争を管理するメカニズムを有しており、国の土地管理体制の一部であった。コッコン裁判所によれば、村民が土地権原を有しないため、同事件は裁判所の管轄外であった。
40 前掲*Findings Report*, 3.3.4(2) [17].
41 前掲 3.3.4(3) [17].
42 数値の出所は詳しくは前掲 Findings Report, 3.3.4(5.1), "Loss of land and crop yield" 所収。

悪化した。農業労働の賃金の低さと季節的な性格からして、他の住民は地域を去り、プノンペンやタイへの出稼ぎを余儀なくされた[43]。

　ボンコック湖における都市部の住民と同様に、村民は生活様式を失ったわけだが、われわれの当座の目的にとって最も関わりがあるのは、何が失われたかではなく、どのように失われたかであり、そして最も重要なことは、そこで実定法が果たした役割である。土地法が両方の集団をいずれも守り得なかったことは明確だが、しかしわれわれは、同法が彼らの権利喪失に現実に貢献したとまでは言い切れるだろうか？　この反対事実的な問いについては次節で扱うが、ただ問題を究明できるよう、ここでまず、この2つのコッコン ELC における実定法の役割、とくにタイ人権委員会で被告側が用いた法的レトリックの活用について、確認しておきたい。一国の政府や世界銀行のような主体による第三者的調査では、告発された側が自らの主張について抗弁の権利のみならず義務を有したことは、大いなる利点の一つであった。以下で見るように、彼らはしばしば法への言及を通じてその抗弁を行った。

　法に依拠した初期の抗弁は、一括すると18,000ヘクタールのプランテーションについての正当化であり、コーンカーン社はその2つの子会社は「2つの区別されたビジネス主体である」と主張した[44]。もっと興味深いのは、会社の不法な行為の範囲に関する弁明において、法が繰り返し言及されたことである。つまり、ひとたびコンセッションが創設されると、法は財産剥奪の正当化の一部と化したのである。被告側の抗弁のいくつかの例が、このことの例証である[45]：

1.1 （会社は）カンボジア政府から 2006 年 8 月 2 日に正当な土地コンセッションを賦与された。事業はコミュニティのリーダーや政府の役人とともに共同で調査を実施した。補償については、土地の保有の立証に基づき、影響を受けた村民との交渉を行った。

1.5 約 200 世帯が、未だに、土地コンセッションの対象地域に対して彼らの権利を主張しているが、彼らの主張を支える土地所有権の立証も、その他の関連する書類も欠いている。その結果、会社は補償を行うことも、土地を返還することもできない。これらの村民はコッコン州裁判所へ法的訴訟を申し立てた。

1.6 コッコン州裁判所は、審理の結果、2012 年 8 月 30 日付で、村民は合法的な土地所有権の立証を欠くと判決し、コッコン州行政の土地局に事件を差し

43　前 掲 Findings Report ¶ 5 Statement and Resolution of the Subcommittee on Community Rights, ¶ 5.1 Summary of Findings, ¶ 5.1 (2.1) 29 頁。
44 *Findings Report* 3.2 節 "Statement of the Defendant"、3.2 節 (1.2) Statement to the Subcommittee on Civil and Political Rights," 9–10 頁。
45　前 掲 3.2 節 (3) "Written Statement, dated November 20, 2013"、3.2 節 (3.1.1–7) "Illegal Possession of Villagers'Land," 11–12 頁。なお引用では英語の翻訳ミスを修正した。

戻した。にも拘らず、会社は交渉を続け、ほとんどの村民に補償を支払った。会社との交渉を拒否した9世帯が残るのみである…。これらの村民はなおも、土地局に土地権原を発行させるに足る立証を何ら示し得ていない。

1.7 もし村民が土地の権利について合法的な立証を提供しうるのであれば（この立証については会社からカンボジア政府に報告する必要がある）、会社は喜んで補償ないし賠償を支払い、あるいは土地の返却をも行うつもりである。今日まで、これらの村民たちは未だにそうした立証を提示し得ておらず、しかし多くの組織に不服を送付し続けてきたことは報道でも明らかである。一外国投資家として、会社はカンボジアの諸法を尊重し遵守する義務がある。すべての土地コンセッションは、いまなおカンボジア人によって所有されている。会社は単に、コンセッション契約に基づき、土地を賃借しているのみである。コンセッション契約が期限を迎えれば、会社はすべての土地コンセッションをカンボジア政府に返還せねばならない。それゆえ、会社は、カンボジア政府の許可なくしては、土地を何者にも合法的に変換したり明け渡すことはできないのである。

この抗弁は、「法が私にそうさせた！」と言っているに等しい[46]。その要点は、当然ながら、法が村民の財産権や生計の解体を許可したとか、ましてや強制した、というわけではない。タイの委員会が、そしてまた世界銀行の調査委員会が認定したのは、2001年土地法の第30条が、土地占有者に土地権原の申請の権利を与えていることである。コーンカーン社が繰り返した、村民が「土地上の権利の合法的な立証」を欠いているという主張は、それゆえ、彼らが土地に対して法的な権利を有していたか否かには無関係である。ただ残念ながら、その法的議論の詭弁は、法の存在が、コーンカーン社の訴訟を実務的に支えなかったと意味しているわけではない。タイの委員会も国際NGOらも騙されはしなかったが、国際砂糖ELCの記録は、文盲の村人たちが地元の役人たちから諭されたストーリーの数々、つまり法が彼らの移転を義務づけているとか、彼らの保有は「関連書類」を有しないため非合法であるとか、それゆえ土地は国有財産であるとか、彼らが直ちに立退き、与えられるものを受け入れない限り砂糖会社は補償を行わないといった話で溢れかえっている[47]。

46 他のタイの砂糖産業ミットポーン・グループによる驚くほど類似の対応として、www.mitrphol.com/index.php/en/csr/index.html を参照のこと。Equitable Cambodia and Inclusive Development International, *Bittersweet Harvest: A Human Rights Impact Assessment of the European Union's Everything But Arms Initiative in Cambodia* (2013), 35 頁に引用がある。
47 こうしたスキームの運用についての一連の詳細な検討として、対象グループとの談話について、Equitable Cambodia, *Bittersweet Harvest*, 51 頁参照。

反対事実の検証

　しかし試みに、土地権原確定が有効なのはそれが必要とされない場合のみであるとする世界銀行の結論を、タイの委員会報告書が補強したと仮定してみよう。またかつては「伝統的、慣習的、あるいは非公式の土地権利システム」によって提供されていた権利の保全機能が、いまや大幅に弱体化し、まさに土地法改革の陰鬱な実態をカンボジアに見いだせるとの結論を追加してみよう。しかもカンボジアは、残念ながら、唯一の例ではない。ダニエル・フィッツパトリック（Daniel Fitzpatrick）や他の研究者らが、開発途上世界の各地の土地権原確定プログラムにおいて見出してきたように[48]、あまりにも頻繁に、開発途上世界における、外部支援を受けた土地の権利システムの合理化努力は同じ結果をもたらしてきた。ジェームズ・スコットからフランス開発庁に及ぶ多様な支援主体は、イデオロギーが貧困諸国における実際のくらしに衝突するとき、最善に練られた計画がしばしば失敗に終わることを、長年にわたって指摘してきた。イデオロギーが外来のもので、外国勢力によって課せられたものであるならば、成功の可能性はさらに減じる。

　それでもなお、外国の専門家たちは進む。彼らは、貧困で素朴な土地保有者たちに透明で安定的で普遍的で明解な権原を発行することにより、グローバル市場経済に参入させ、土地の担保設定や改良や売却を通じた繁栄を可能にすると、仮定する。その仮定は、まれには実現する。インフォーマルで法的に無効な書類が錯綜し、長年にわたる占有やコミュニティの強い紐帯で補強され、まさにギアツの言うローカルナレッジとして総括されうるものが、有能で誠実な官僚によって提供される政府の証書で、正確に、漏れなく代替され、そして首都に在する電子化された地籍簿に登記され、善なるものごとが生起する。それは、LMAP による初期の一斉登記において現実となっており、所有者たちは金融アクセスの向上を享受してきた。ペルーにおける権原確定事業では、金融アクセスは向上していないとしても、労働者の参加や学校の出席率といった指標の改善が見られている。深圳における「大物権」は、小物権しか有しない同等の土地に比べて大幅に高い価値をもたらしている。

　悲しいかな、ミクロ・レベルの個々の所有者たちに起こったことは、社会全体を対象とする事業においては、必ずしも正確に把握されない。取引費用がゼロであると仮定された、消毒済の市場の代わりに、そこにあるのは無視と混乱である。ローカ

---

48 Daniel Fitzpatrick, "Evolution and Chaos in Property Rights Systems: The Third World Tragedy of Contested Access," *Yale Law Journal* 115 (2006): 996 頁, 1012 頁。

ルナレッジは、受理した者が読めもせず理解もできない書面に取って代わられる。土地占有者らは、有能で誠実な官僚の代わりに、腐敗した地方役人に伴われた企業代理人の訪問を受け、ほとんど何らの補償もなく、電子化されたデータベースの代わりに武装したならず者たちに後押しされ、理解できない書面のあれこれに拇印を押すよう促される。既存の占有者たちは、たとえボンコック湖やスリアムバルにおけるように所有権を申請しうる明確な法的権利を有していた者さえもが、自給自足的な農民や小営業主の地位から肉体労働者へと転換し、しかも多くの場合、彼らを立ち退かせた当の企業のために働くこととなる。

しかしもし開発における財産権の役割に、より一般的な関心を抱くならば、われわれは、もっと先へ進まねばならない。以上の事例検討で見た偽善や強制や不正は、前章までに描かれた偽善や強制や不正と比べて、未だ、経済成長にとって必ずしもより悪しきものとは断定できない。この問題に回答するためには、われわれは、反対事実の可能性の検証、つまり土地法が形成されていなかったとした場合、住民の法的地位は、以上の事例研究におけると同様に曖昧なまま放置されていたのかを検討しなければならない。シュカク社やコーンカーン砂糖工業公開会社は、カンボジアの真珠地区や、コッコン・プランテーションの輸出拠点で、必要な土地を集中する方法を見つけ出せていただろうか。また個人所有者たちは各々そのようになし得ていただろうか。あるいはボンコック湖やスリアムバルは、バックパッカーや自給自足型の農民たちの各々の天国として存続し、またその場合それは経済成長の減退を意味していただろうか？

われわれが上記で検討した2つの公式報告書のいずれも、この検証のさしたる助けにはならない。それら報告書は、何が起こったか、つまりLMAPの何が問題か、コーンカーン社が人権規範に違反したかに拘泥するばかりであって、土地法や、一斉ないし個別の権原確定や、ELCが存在しなかったとしたらという架空の世界に関心はないし、ましてや土地権原確定事業それ自体の意義や、より広く財産権制度の役割を問い直す関心はない。そうは言っても、これらの調査が提供する証拠は、より大きな問題を検討する上での基礎を提供してくれるし、またそれによって、本書の他の章で深めてきた財産権の役割に関して追加の視座を提供しうるだろう。

さしあたり、プノンペン政府がシュカク社に133ヘクタールの、またコーンカーン社に18,000ヘクタールの土地貸与を行うために、土地法は必須の法的根拠を提供していたのか、の問題から開始したい。いずれのコンセッションも非合法であった。それゆえ、われわれは、法の存在じたいが違法性を成り立たせたと推測できる。確証まではできないが、しかしいくつかの要素が示唆しているのは、プノンペン政

府によって、法なくしては土地の取り上げが極めて困難であったろうことである。第一に、住民たちは彼らが土地に対する『権利』を有すると信じる強い理由があった。ボンコック湖の住民は、土地の占有を許可する多様な準公式的な文書を有していたし、スリアムバルの農民たちは何世代にもわたって土地を占有しており、地元や中央の当局から彼らの占有が推奨されないものであるという指摘を何ら受けたことはなかった。いずれの集団も土地に対する実質的な改良を重ねており、市場経済への参加も公然かつ次第に活発に行われており、また両コミュニティとも、自らの防衛のために集団的な訴訟に立ち上がるに十分な相互の紐帯を有していた。これらの要因の一つ一つが、住民にとっての権利を賦与されているという感覚やそれゆえの彼らの抵抗意思に寄与していたのみならず、もしシュカク社やコーンカーン社やその政治的後援者らが、外国人専門家の明らかに全知全能的な支援に支えられた法の支配なるレトリックの合法化マジックによる隠れ蓑で守られていなかったならば、おそらく住民の抵抗をよほど有効なものにしたであろう基盤であったソーシャル・キャピタル、政治力、また個人とコミュニティのネットワークの存在の証拠であった。

　このように、土地法という難攻不落の機能がなかったとするならば、住民たちは保有を維持していたと仮定しうるとして、では、さらに、これによって経済成長が減退したと結論できるだろうか？　イギリスの囲い込みや 19 世紀アメリカについての暫定的な結論は、非効率的な財産権の解消は成長を加速させるというものだったが、しかし第5章でみたように明確な財産権の存在なくして起こった中国の成長は、この議論を頓挫させる理由となっている。おそらくシュカク社は、ELC の権能なくしても、徐々に個別資産を買い集めることで、あるいはあまり魅力的な方法ではないかもしれないがカンボジアの政治や市場を動かしているパトロン・クライアント関係を端的に活用することで、湖岸の資産を十分買い集め、カンボジアの真珠を造成する方法を見出し得たかもしれない。あるいは逆に、深圳における都市部村落の住民たちや Shuang や Hancun の TVEs が行ったように、数知れない小営業主たちは彼ら自身の団結によって必要な富を形成し得たかもしれない。いずれの仮説も、現実に起こった不正義に比べればよほど幸せな帰結である。しかし、深圳の小物権による建物群は、完全に合法的な不動産の同質のものと比べれば、なお大幅に価値が低いという事実は留意すべきである。これとは対照的に、シュカク社が豪勢なコンドミニアムの販売を開始すれば、法的血統の曖昧さからするディスカウントもなく、それらは最高価額を喫することだろう。

　より本質的なことは、しかし、そもそも機能し得る市場が生み出されたと言えるか否かである。言い換えれば、カンボジアは果たして、中国が類例のない成長を遂

げた基盤であった法なき秩序を、再現できたのかである。悲観論に理由がある。中国の小物権や郷鎮企業市場は、カンボジアには存在しないであろう社会的・制度的な枠組みに依存していた。2つの国家の公式的な制度の相対的な力量、つまり中国の地方政府や共産党の幹部たちは、プノンペン市役所やスリアムバルの地方政府やカンボジア人民党の幹部たちに比べて、著しい格差がある。カンボジアの教育、商業的洗練性、政府の正統性、そしてソーシャル・キャピタルは中国に比べて相当レベルが低く、このことは中国でインフォーマル市場を形成し維持したような精巧な仕組みが、カンボジアの個々の住民にとっても、シュカク社やコーンカーン社にとっても得難いものであったことを意味しよう。深圳のみならず中国ならばどこにでも存在するような、地場銀行や法律事務所や各級地方政府のような組織体と連携する社会的ネットワークや機構を欠くなかで、住民に立退きを強制し、のみならずシュカク社やコーンカーン社にコンセッションを買い取れと説得するために必要な正統性や権能を確保するうえで、経済的土地コンセッション ELC という法的形態は、たとえ土地法の直接的な違反に寄与するとしても、必要なものであった。結局のところ、カンボジア当局にとって、地場の仲間内と多国籍企業の双方に対して、彼らの投資が明確で確定的で安定した財産権によって保護されるであろうと、胸を張って語ることを可能にしたものは、土地法に他ならない。

　特定の事例に向けてきた視座を引き戻して、いまだ仮説的な範疇でではあるが、われわれは、相対的な弱者から同じように収奪し、大規模な投資を促すことで、カンボジアの成長は加速するとも推測できる。アメリカや、オーストリアや、オーストラリアのバックパッカーたちが安価で気の置けない宿泊施設を楽しむ姿、また自作農が森林に分け入りラタンを集めて籠を編む姿がいかに魅力的なものであろうと、彼らは、外国人弁護士で溢れる高層コンドミニアムや、EU 向けの粗糖が満載された多くの貨物船によるGDP 貢献には叶わない[49]。それゆえ、経済成長の視座からすれば、われわれは土地法がその仕事を、いかに強引にであれ、成し遂げ得ると暫定的に結論できるだろう。

---

49 ただし例外もあろう、とくに農業においては。Hans P. Binswanger, Klaus Deininger, and Gershon Feder, In *Power, Distortions, Revolt, and Reform in Agricultural Land Relations*, World Bank Working Paper WPS 1164（July 1993）においては、政治権力とカンボジア特有型の腐敗が、小規模農業のより高い潜在的な生産性が市場で実証されることを阻害してきたとする。その結果として、彼らの主張によれば、多国籍企業の手中に土地が集中したとしており、カンボジアや類似の開発途上国にみる企業の「土地剥奪」現象と整合している。Smita Narula,"The Global Land Rush: Markets, Rights, and the New Politics of Food," *Stanford Journal of International Law* 49（2013）101 頁参照。換言すれば、個々の農民が団体で生産すれば、その土地承継者である大規模企業と同等の富を産出できるはずである。しかし、砂糖輸出の劇的な増加、またそれに伴うグローバル市場への参入の便益、外貨アクセス、また農業技術の導入等を思い起こすとき、このような見方はいかに規範的には魅力的であろうとも、説得性が減じるように思われる。

しかしもし、成功の測定基準として、より広義に捉えた開発を加えるならば、構図はさらにもっと複雑なものになる。われわれは、カンボジアの真珠や砂糖輸出増進の輝かしいイメージを、アマルティア・セン（Amartya Sen）による開発の定義との秤にかけねばならない。つまり政府の正統性、社会的信頼、政治的開発、官僚の有能性、腐敗の統制、そしてそれ自体が目標であるとともに経済成長の道具でもある個人の潜在能力の拡大を、価値づける開発定義である。われわれの見た2つの事例における出来事は、成功する社会の前提条件をも、またもしわれわれが視線をやや下げれば、ノースやデムセッツが効果的な市場の制度基盤にとって不可欠なものとして特定した規範的正統性をも、解体するものに他ならなかった。それゆえ、貧困で組織化されない人々の財産権を、より資源を有する起業家的な主体に移転することが最終的にすべての人々を豊かにするとの議論は、われわれがGDPの問題を超えたより広い基準で成功を捉えていくとき、維持するのがかなり難しくなってしまう。

　冒頭で述べたように、しかし、最貧困国の混乱した現実と、完全市場において即座に交換可能な明確な財産権というユートピアの夢とを対比することは、たとえその夢に憑りつかれた者の目にも、不当に映る。それは、実定法形成というトップダウン型の技術官僚のパラダイスを、農村コミュニティが明確に表現されたローカルナリッジを通じて最大の生産性と社会的正義の両立を導くという非現実的なボトムアップ型の展望で代替しようという、不当な議論を深めるばかりであろう。我々が確実に言えることは、カンボジアにおいて、また他のいずこにおいても、ただちに立ち現れるいかなるユートピアはなかろう、ということだけである。

訳注
　i　原著は "possess" ないし "possession" の語を、"occupation" との対比で用いており、前者は長期安定的な占有の存続、後者はその前提を為す物理的支配を意味する使い分けと解される。本書ではそれぞれ「保有」および「占有」と訳出した。日本法の通常の用語法では「占有」の語を用いる局面で、原著が "possession" の語を用いている箇所があるが（たとえば所有権の要件の一としての占有）、原著に忠実に「保有」と訳出した。
　ii　原著における "formal" の語は、全編を通じて主に慣習的規範秩序の対概念として、立法や判例法により執行可能な国家法として定立された実定法秩序の意で用いられており、本書では「実定的な」と訳出している。しかし本章においては、トーレンズ式権原確定型登記制度による土地上の一物一権的な権利確定を "formalization" と表現する使用が多く、本書ではこれらの箇所で「公認」「公的な」等と訳出した。原著はカンボジアにおいてトーレンズ式登記制度が強制登記制度として実施されているとの前提に立ち、登記がなされなければ実定的な権利が認められないとの前提で "formal" の用語を用いていると見られるが、しかし正確には、日本ODAの起草支援を受けて成立したカンボジア民法典は、土地法に基づく土地所有権の売買を除き、登記を効力要件としないため、原初所有権は未登記でも実定的に有効である。したがって、登記による "formalization" を「実定化」とは訳さず「公認」と訳出したものである。

7章

財産権と社会の変化

新制度派経済学［の出現］以前、法と開発［運動］以前、そして経済開発という概念そのものの黎明期であった1951年に、国連は、発展を望むすべての社会が直面する問題の核心を明らかにした。

> 経済の急速な進歩は、痛みを伴う取組みなしには不可能であると考える。古い哲学は捨て去られ、古い社会制度は崩壊し、カースト、信条、人種の縛りは解かれ、進歩についていけない多くの人々は快適な生活への期待を裏切られることになる。経済的進歩の代償をすべて払おうとするコミュニティは非常に少ない[1]。

私は、これまでの章で、16世紀から21世紀にかけての事例をもとに、深く根付いた規範的・行動的・制度的構造の廃棄と、それと同様に重要な、付随する社会的コストの軽減と正統化における財産権の役割について述べてきた。

私の目標は、今日の開発途上国が直面している緊急の問題に対して、正確な答えを提供することではない。人間社会はあまりにも複雑であり、抽象的な理論や一連のケーススタディでは、多くの人が当然望む詳細なロードマップを作成することはできない。しかし、過去の経験からある程度一般化することは、急速な経済成長と社会変化のプロセスを理解するための唯一の希望である。

そのため、次節では、ジョセフ・シュンペーター（Joseph Schumpeter）の『資本主義、社会主義、そして民主主義 (Capitalism, Socialism, and Democracy)』から二つの考え方を紹介し、多様なケーススタディから共通のパターンを浮かび上がらせ、60年以上前に国連が認識したこれらのパターンが、なぜ現代の成長・発展プロセスの理解を遠ざけているのかを把握することを試みる。続く節では、ケーススタディで語られる深い政治的プロセスにおいて、実体的な法制度が果たす役割の違いに注目する。そして、社会的利益の総体的な追求のための財産権の解体が正統なものかどうか、まず法の支配の観点から、次により広い政治的観点から、それぞ

---

1 United Nations Department of Social and Economic Affairs, *Measures for the Economic Development of Underdeveloped Countries*, 1951. Michael J. Trebilcock, *Dealing with Losers: The Political Economy of Policy Transitions* (Oxford University Press, 2014) も参照。カースト、信条、人種の絆を崩壊させる財産権の役割については、Eduardo Moises Penalver and Sonia K. Katyal, *Property Outlaws: How Squatters, Pirates, and Protesters Improve the Law of Ownership* (New Haven: Yale, 2010) を参照。

れの物語の背景にあるものを前景化させる。最後に、財産権の生産的解体が現代の開発実務に与える影響について述べる。

絶え間ない変革と比較的静かな期間

シュンペーターの第一の考えは、資本主義を「創造的解体をもたらす長期間に及ぶ強風（perennial gale）... それは絶え間なく経済構造を『内部から』変革し、絶え間なく古いものを解体し、絶え間なく新しいものを創造する」と表現した有名なもので[2]、ケーススタディはそうした解体と創造の具体例である。シュンペーターの第二の考えは、あまり知られていないが、主流の言説が社会の根本的な変化における財産権の役割を詳細に検討することがほとんどなかった理由を理解する上で、決定的に重要なものである。シュンペーターは、創造的解体と絶え間ない変革について紹介した脚注で、経済に対する短期的視点と長期的視点を峻別している。

それらの変革は絶え間なく起こっているわけではない。比較的静かな期間をおいて、バラバラに起こっている。しかし、変革または変革の結果の吸収のいずれかが常にあるという意味で、プロセス全体としては絶え間なく動いているのである[3]。

シュンペーターは、主流の経済学者が比較的静かな期間に関心を持ちすぎ、変化の過程に十分な関心を抱いていないと考えたのである。彼は、ある時点における特定の市場の「既存の構造」、たとえば小売業の寡占化における価格設定などを調査することで、ある企業が繁栄し、別の企業が停滞する理由の詳細が明らかになる可能性があることを認めている。しかし、このような構造は、現状を操作することによって生じるのではなく、新しい市場のような基本的変化、組立ラインのような組織的革新、あるいはコンピューターのような技術的変化によって参加者に強いられる「産業的変異」によって生じるのであり、そのような構造がどのように作られ解

---

2 Joseph A. Schumpeter, *Capitalism, Socialism, and Democracy* (London: Routledge, 1943). 創造的解体は、第Ⅶ章 The Process of Creative Destruction, 81-6 頁で紹介されている。引用の順番を変えた。「創造的解体」というフレーズは 84 頁に、それ以外は 83 頁に登場する。シュンペーター (Schumpeter) は、競争資本主義の成功が、それを支えてきた私有財産への信仰やそれを守ろうとする意志などの規範的構造を解体してしまうと考え、進歩に対して国連よりもさらに暗い見方をしていたのである。新制度派経済学や法への関心を先取りした経済学者らしく、シュンペーターは、財産権や契約に関する権利について、資本主義に内在する規範の崩壊という観点からしか言及せず、より一般的な法については全く触れていない。第Ⅻ章 Crumbling Walls における The Destruction of the Institutional Framework of Capitalist Society, 139-63 頁を参照。
3 前掲 Schumpeter, *Capitalism*,83 頁, 脚注 2。

体されるのかを明らかにしない限り、この解明は「無意味」なものになると彼は主張しているのである。彼にとって資本主義の本質的な事実は、市場がどのように機能するかではなく、市場がどのように創造され、解体され、再創造されるかにあった。

　シュンペーターの懸念は、財産権の役割に関しても、市場全般の機能と同様に、今日でも有効であると私は考えている。現代の開発プロセスを観察する者は、経済学者も法律家も同様に、安定した市場の運営に焦点を当てすぎ、進歩が起こるためにそれらの市場がどのように変化しなければならないかという点にはあまりに無関心なのである。さらに悪いことに、彼らはしばしば、西洋の理論に由来する財産法の理想像を、彼らが改革に取り組んでいる市場（多くは非西洋市場）の経験上の現実に置き換えている。その結果、変革に焦点を当てたとしても、変革のプロセスを十分に考慮することはほとんどなく、国連が指摘し、シュンペーターの「長期間に及ぶ強風」が引き起こした正統な期待に対する挫折を十分に考慮することもない。創造の最終地点に焦点を当て、そこに到達するために必要な解体の移り変わり（vicissitudes）と痛みを軽視しているのである。

　このアプローチの性質とコストを説明するために、本書では、シュンペーターの長期的で動的な視点を財産権と開発の研究に適用した。シュンペーターがより一般的な経済構造に対して行ったように、既存の財産権の研究はある市場がどのように機能しどのように段階的な改善を行うべきかを教えてくれる、と私は認識している。しかし、開発の文脈における財産権は、開発を理解するだけでなくその目標を達成する上で、現在に集中することが危険であるという特別な性質がある。すなわち、「既存の構造」を忠実に実行することで、現状を維持し、既存の制度から利益を得ている人たちを保護することができ、実際にそうなるのである。

　安定には本質的な問題はない。我々のケーススタディに登場する、コモンズから締め出されたイギリスの領民や自由民から、シュカク社によって払い下げられたボンコック湖のホステルのオーナーまで、土地を奪われるに値する者は一人もいなかったのである。貧しい社会で成長のために財産権を犠牲にすることが正当化されるかどうかは次節で述べるが、公正で豊かな社会では、長期的、功利的な観点でさえ現状を守る価値がある。実際、豊かな世界の開発実務者が、実定的な財産権の厳格な行使に魅力を感じるのは、自国社会の快適さとそこでの自分自身の位置づけが理由かもしれない。しかし、米国、デンマーク、日本のエリートにとっては最善の利益となる継続性も、現代の開発途上国の大多数の人々にとっては適切ではないかもしれない。

　したがって、経済学者や開発実務者は、世界のヒエラルキーの底辺にいる人々

の視点から、既存の構造を支える実定的なルールを維持することに関心を持つべきではない。それどころか、彼らは古い財産制をより生産的なものに置き換える方法を模索すべきである。しかし、新しいものを生み出すには古いものを解体する必要があり、進歩のためのコストは高くつくことを常に意識しながらそうすべきなのある。さもなければ、痛みを最小限に抑え、新たな正統性のある財産構造を準備するための配慮がなされない限り、急速な経済成長から得られる利益は何であれ政情不安に翻弄され、人間の尊厳と自律性、社会正義、法の支配といった最も基本的な目標は不測の将来に向かってさらに衰退しかねないのである。この困難で複雑な課題を解決するために、次節では、ケーススタディから何らかの秩序を生み出すことを試みる。

法の役割は何か

　社会構造を解体する根本的な原因はいくつも想像できる。戦争、革命、疫病、気候変動、さらには道徳的な啓示も思い浮かぶ。一方、法は、根本的な変化の主要な推進力にはなりそうにないが、前章で紹介した財産法の使用、濫用及び不在に関する物語が証明しているように、さまざまな社会が改革と保全のジレンマにどう対処してきたかにおいて、因果関係はないにしても重要な道具的役割を果たすことができるし、実際に果たすことも少なくないのである。

　共通するのは、実定法の存在である。中国のケースでも、財産制度そのものではないにせよ、実定的な制度が経済成長を可能にする社会構造の形成に寄与していた。他の章では、実定的な財産法そのものであった。法、法律家、裁判所は、囲い込みのプロセスのあらゆる場面に登場した。法人格の欠如といった法的な仕掛けは、ゲイトワーズ事件の裁判所が確立された財産権を無視することを可能にしたが、ウィンブルドン事件の失われた譲許の推定といった法的フィクションは、プロセスを遅らせ、時には停止させることもあった。同様に、アメリカの水法に関する裁判でも、裁判所は両方の役割を果たしている。サンダーソンのケースでは、違法な汚染を保護するために自然の水の流れに変更を加えたが、ブリストルのケースでは、環境と経済の圧力が先行者優先主義に取って代わろうとした、そしておそらくそうすべきであった段階より後になって、浸透水の絶対的所有権を保護するようになったのである。

　日本の事例において、その二重の役割を見出すのは難しい。不在地主の狭い定義と農業委員会の実務による地主の支配が維持されていれば、地主階級の苦痛は

軽減されたに違いないが、それらは存続せず、公共利用と正当な補償という憲法上の要件の行使を求められた最高裁は、ある社会階級全体を徹底的に排除することにゴム印を押しただけであった。もちろん、すべては相対的なものであり、農地法に至る議会プロセス、農業委員会の参加型の性格、最高裁の審査が可能であることは、ほぼ同時代の中国本土の地主の暴力的処分より非常に望ましいことであった。アメリカ軍や日本の保守政党にとって、暴力はあり得ない方法であった。むしろ、日本の場合、法の役割は、専ら、痛手を和らげたり、プロセスを遅らせたりすることではなく、保守政党の決定を正統化することにあり、その政治的な基盤はかつての地主の味方ではなく、独立した農民であった、と見る方が正確であろう。

カンボジアの土地法改革は、実定法の役割という観点から、最も特徴的なものであろう。それはまた深い皮肉でもある。アセモグルとロビンソンは、『なぜ国家は衰退するのか（Why Nations Fail)』の中で、「財産権の古風な形態」が成長を阻害すると述べたが、カンボジアの改革は、その一例であることを理屈づけるための自意識過剰な試みから始まった。この意味で、現代の開発世界におけるシュンペーター的プロセスの現れであると言える。この法律を起草したオーストラリアの弁護士が、創造的解体そのものを考えていたとは到底思えないが、土地法とLMAPはまさにそれを実現しようとしたもの、すなわち既存のコミュニティベースの財産権構造をより生産的な体制に置き換えようとしたものであった。ボンコック湖のホステル経営者やスラエアムバルの稲作農家は、数十年にわたる占有の証拠に裏打ちされた、植民地、国、地方のさまざまな当局からの決定的ではない資料の寄せ集めに頼るのではなく、透明で統一的、かつ安全な財産権で武装して国際ホテルチェーンやアグリビジネスと交渉し、より早くより良い取引をする可能性があっただろう。

もちろん、計画通りに動いたのは、解体の部分だけであった。新しい体制が生まれ、新しい市場が開拓されたが、新しく生まれた財産権を行使したのは、ホステル経営者や農民ではなかった。世界銀行とタイ委員会の報告書が示すように、法律は既存の所有者を保護する必要がある場合に効果がないに等しく、定期的ではないにしてもしばしばボンコック湖とコッコンのプランテーションで見られたような略奪的な役割を担っていたのである。その結果、カンボジアの土地法の実施において「法の支配らしいもの」を見ることは、他のケーススタディにおける、表面的で非実定的で操作的な物語よりもさらに困難である。

これらの実際に生じた法の作用（あるいは少なくとも法的形式の作用）から一般化すると、まず見て取れるのは、財産法と財産権でさえ、それらが従来の常識から期待されるような保護的な役割を果たすことはほとんどない、ということである。

それどころか、既存の構造を解体することを促進したり、正統化したりしているのであり、シュンペーターの「長期間に及ぶ強風」を楽観的にみれば、より生産的な構造を生み出しているのである。ブリストルの訴訟は明らかな例外である。他の例と同様、この訴訟も既存の構造に経済的圧力がかかっていた時期に発生したが、アリゾナ州最高裁は最終的に解体的な役割よりも保護的な役割を選択した。利害関係を分析することにより、この文脈でなぜ保護的な役割が非常に珍しいのか、より深い洞察を得ることができるだろう。

　まず、当事者について説明する。ブリストルは古くからの農業関係者、チーサムは新しく入ってきた高速掘削の綿花農家で、確立された財産権を使って隣人の土地から水を流そうとする者である。またもや古いものが新しいものを訴えるという構図だが、古いものは経済的な現状を維持するために法律の改正を望んでいたのである。意見書や解説書には明確に書かれていないが、新しく来た者は、昔からいた者よりも、効率的とは言わないまでも、より有益に水を利用していたものと思われる。このように仮定することができるのは、コースの定理に支えられた論理によって、既存の井戸の所有者は、新しく参入した者に掘削しないよう金を払うことで、自分たちの利益を優先させることができたと考えられるからである。したがって、この推論を受け入れるならば、ブリストル第二訴訟における絶対的所有権の再確認は、第3章で述べたのとは多少異なった解釈をすることになるかもしれない。スタンフォード最高裁判事の逆転は、政治的圧力に屈したというのではなく、また、法の支配をキリストの奇跡のごとく司法の役割に関する法治主義的なアプローチに転換するのでもなく、新しい井戸は実定的な財産権で保護されているだけでなく、古い井戸よりも価値があるという功利主義的な観点から、正しく判断されたと解釈することができるだろう。

　しかし、このような分析は、収益性と効率性を混同するというよくある誤りを繰り返すことになり、また、ブリストル第二訴訟の興味深い点や逆説的な点を見逃すことになるため、不完全で間違ったものとなる。それは、裁判所が、先行者優先主義の適用を拒否したことによって損害を被ったのは、近隣の井戸の所有者だけでなく、将来のアリゾナ州の都市の住民であったということである。20世紀半ばのアリゾナは、シュンペーターの言うような比較的静かな時期ではなく、農業から、工業、レクリエーション、住宅といった都市部へと、経済構造を転換させる創造的な解体の嵐に突入しようとしていたのである。もし、ブリストル第一訴訟で勝利し、チーサムの田んぼの地下の水に対する絶対的な財産権が解体され、30年後に導入された先取特権制度に置き換わっていたら、シュンペーターの絶え間ない革命の繰り返し

が法的に阻止されることなく、経済的な経過をたどっていたことだろう。その意味で、ブリストル第二訴訟は、サンダーソン第一訴訟から第三訴訟に呼応し、教義に忠実なだけでなく、昨日までの利益に奉仕することを表明したのである。

　そこでの決定的な違いは対立当事者の相対的な力関係であり、司法による財産権の解体が果たす取引コスト削減の役割が極めて偶発的なものであることを示す明らかな事実である。この2つの状況における変化の背後にある政治的な力を正確に測定することは不可能であるが、1つの違いは明らかである。サンダーソンの事例で財産権の解体を主張した石炭産業は団結しており、十分な資金を有していた。その産業は、損害賠償や差止命令の脅威がなくなった後の将来に向けてさらなる繁栄を期待していたかもしれないが、その時点でもすでに経済的、政治的な巨大な力となっていた。ブリストルでは、それに相当する勢力はなかった。既存の井戸の所有者は政治的、経済的影響力がないわけではなかったが、分断された農業部門の一部門に過ぎなかった。農業関係者以外の同盟者、つまり、より規制の厳しい水資源体制から最も恩恵を受けるであろう都市の関係者は、存在していたとしても、まだ生まれたばかりだった。将来の定年退職者がサンシティに移り住むのはまだ10年以上先の話だった。このアンバランスは、スタンフォード氏が逆転し、ブリストル第二訴訟が結審した時に明らかになり、その後数十年、環境と都市の利害関係者が環境保全を支持する広範だが浅いコンセンサスを効果的な立法に変えることができないまま、さらに明確なものとなっていった。

　経済成長のために正統な社会構造を解体するのが法の役割であると主張するのは、必ずしも法を魅力的に見せるものではない。ましてや、特別な利害関係者たちが司法に与える影響力の強弱によって、社会の将来が左右されるようなシステムを擁護することは困難であろう。司法の気まぐれさは、優秀な弁護士を擁するウィンブルドンと、そうでないトレード・ファーンハムの対比にも表れているが、本書におけるアメリカの2つのケースではさらに顕著である。効率と進歩の代表が、頑固なヘンリー・M・ホイトか、優柔不断のローグリー・クレモント・スタンフォードかということは、重要なことなのだろうか。そのような実質的な懸念は明らかであり、十分な根拠がある。しかし、目下の課題が経済的な前進にほかならないことを考えれば、必ずしもそうした疑念が優位するとは限らないのである。

財産権の解体は正統か？

　現代の新制度派経済学は、完全に効率的とは言えないまでも、有効な財産権が

経済成長に不可欠であるという前提に立っている。もしそれが正しく、現在、貧しい社会が非生産的な財産権に苦しんでいるのなら、そうした既存の構造を変えなければならない。効果的な権利は何らかの暗黙の合意や検出し得ない進化の過程から単純に表れ出てくるものと想像するのが、私たちにとって最も快いかもしれないが、それは悪しき経済学の空想である。実際には、たとえ社会が豊かになっても、現実のコストと現実の敗者が存在する。ポジティブな社会変化が困難ですらあることを認識すれば、本書のケーススタディで述べた法の役割の魅力のなさが少しは薄れ始めるかもしれないし、私たちは法の役割がありのままにおいて少なくとも正統性を有するではないかと問うべきである。私たちは、ここで説明した財産法の役割が法の支配とどのように整合するかという、避けられない、そして満足のいく回答には至り難い議論から始めることにする。

法の支配に反するか?

　現代の開発に関する言説の中で、財産権の保全以上に神聖視され、無批判に用いられているマントラがあるとすれば、それは法の支配である。そのため、標準的な語彙を使ってこのテーマを表面的に取り上げることは、本書の範囲を超えている。この概念はあまりにも大きく、あまりにも曖昧で、あまりにも争いが多いため、これらのケーススタディを評価・分析する基準として用いることも、その逆、すなわち法の支配に対する理解を深めるためにケーススタディを用いることもできない。前者は、法としての財産権のみならず、社会・経済構造の構成要素としての財産権を研究する本書の焦点を過度に狭めてしまうことになる。後者は、開発の痛みに照らして法の支配について何か独創的で重要なことを言おうとするものであり、それ自体が一冊の本で論じるに値するものである。にも拘らず、開発の言説における法の支配概念の重要性ゆえに、そのもたらす懸念について一定の検討が必要である。

　法の支配についてはどのような定義でも不完全であるが、さしあたりスカリアの『支配の法としての法の支配（The Rule of Law as a Law of Rules）』によって法学の観点から強調された「人ではない、法の支配」という表現が、議論を始めるためには、そして次にその無益さを説明するのに十分であろう。この言い回しは、おそらく、LMAP のような法改革プロジェクトを設計・実施する経済学者や官僚を含む素人にとって最も一般的なものと思われる。また、本書のケーススタディで最も明らかな違反が見られた面でもある。その表現によれば、手続上適切な立法のみが市民の権利と義務を正統に変更することができ、ゲイトワーズ、サンダーソン、ブリストル第

一訴訟は明らかに不当となる。裁判官は、法令や憲法上のルール以外の根拠で事件を決定すべきではないこととなる。もう少し緩やかに［法の支配を］捉えれば、司法が先例として形成したルールも含まれるが、当然ながら、先行する決定の本来の正統性の問題に直面することになる。

　この［法の支配の］定義を述べようとすることは、たとえそれが漫画版であっても、その不可能性を知ることに終わる。第一に、言葉とはそもそも、あらゆる状況において明確となるような意味を持たない。クラーク判事が石炭用地の自然な利用は石炭を採掘することであるとしたのは一般的な用法としては間違っていなかったが、公害が自然流水の法則に合致すると結論付けたのは、法的には間違っていた。当時も今も、彼の用法が不誠実であることは誰もが知っているが、司法の詭弁は、通常、それほどすぐには明らかにならない。自然の流水という文脈での「自然」は、特に、法律上の多くの用語が具体的な意味を持たないのと比べれば、かなり明確である。「合理的」、「不均衡」、「不公平」の３つはまさに無内容であるがゆえに立法府が繰り返し使用している。また、日本やアメリカの憲法にある「公共の利用」や「正当な補償」のように、「自然」と同様に核となる意味はあっても文脈に大きく依存し、状況が変わればその一貫した適用を保証することができない用語も存在する。このような用語のリストは際限なく続くだろうし、熟練した弁護士の手にかかれば、永遠に続くかもしれない。さらに、時間の経過とそれに伴う言葉の意味の変化による影響もある。ここで、アメリカの憲法解釈をめぐる公開の論争に立ち入ると、基本的な問題はそれほど争いのない場面でも重要であり、正しい解釈アプローチも同様に不確かである。さらに、原典主義を採用したとしても、社会的、技術的、政治的に全く異なる社会で、何十年、何百年も前に起草者が使用した用語を学び、適用するという難しさが存在する。

　しかしながら、「人ではない、法の支配」というマントラは、言語的に不可能なだけではない。それは、多くの新制度派経済学者が最も賞賛する法系である英米法の競争力を殺いでしまうであろう。そこで、最終節では、法の支配と開発途上国にとって理想的な法制度のタイプに戻り、財産権の解体が開発実務に及ぼす影響を論じることとするが、ここでは、より広い視点から創造的な解体のプロセスを見てみることとする。

政治的に正統か？

　法の支配以外にも正統性の形態が存在する。そこで、さまざまな移行期におけ

る裁判所の役割が法の支配の侵害なのか正当化なのかを判断することなく（どちらの議論も成り立つが）、財産権の構造の解体に対するより身近な反論である政治的正統性の話に移ろう。まず、中国とカンボジアという司法が弱い権威主義的な政権から見てみよう。小崗の共同体の指導者が各家庭と契約することを決めたとき、彼らには何の法的な権限も官僚的な権限もなかった。彼らの権限は、第5章で紹介した中国の経済政策の他の事例におけるアクターの権限と同じく、一党独裁国家として知られる中国共産党と中国政府の連合体の制度的な強さに由来するものである。第5章で述べたように、少なくとも従来の定義に従えば、こうした構造的な変化には何ら合法性はなかった。民衆の幅広い支持を得たこのような変化には、パフォーマンスの正統性と呼ばれるものが存在する[4]。一党独裁国家が正統性を享受できるのは、それが中国人民に善をもたらしてきたからであり、選挙で選ばれたからでも、独立した司法機関を設立したからでも、マルクス・レーニン・毛沢東思想、儒教的価値観、自由民主主義などの特定の思想を体現しているからでもない。

　カンボジアは、これとは異なる変則的な様相を呈している。法と法の支配のレトリックはいたるところにあり、法は、新しいベスト・プラクティスの財産権を適用するための手段であった一方、土地法自体のレベルでも、包括的なイデオロギーとしても、財産所有者を奪うために違法に運用され、彼らの権利を擁護することはなかった。ボンコック湖の公有地から私有地への移行とスラエアムバルの「関連書類」の要求は、住民を立ち退かせ、法そのものによって明示的に認められた権利を否定するために必要な正統性を装ったものであった。したがって、第6章で語られた出来事を、いかなる規範的な尺度によっても、ましてや法の支配によっても、正統なものとみることはできない。

　もちろん、カンボジアの農民の多くは、投資家を惹きつけるほどの価値を持たない土地であるためか、その土地を奪われることはなかった。こうして、権利付与プログラムがフン・セン政権に正統性を与えている可能性はある。しかし、もし、［そのプログラムが］土地に価値がない場合にのみ有効であるなら、法が価値のある土地の盗難を助長する場合にその正統性は失われる可能性が高い。もしそうなれば、正統性が何に由来するのかわからない。フン・セン政権は、民主主義の血統にも、中国におけるパフォーマンスの正統性にも頼ることはできない。もちろん、カンボジアの真珠と国際的な砂糖貿易が、明確な財産権の侵害にもかかわらず、あるいは

4　2013年6月28日、習近平自身が以下のように簡潔に述べている。「もし我々が党を効果的にあるいは厳格に統治することができなければ、遅かれ早かれ、国を治める地位を失い、歴史から放逐されるだろう。」引用：Minxin Pei, *China's Crony Capitalism:The Dynamics of Regime Decay* (Cambridge: Harvard University Press, 2016), 256頁。

それにより、経済成長という商品を提供するならば、ホステルのオーナーや自給自足の農民は、繁栄という大きな渦の中で忘れ去られているかもしれない。

次に、アメリカの事例である。たとえサンダーソン事件や類似のケースを法の支配の殿堂に入れることはできないとしても、立法府を擁護するのと同様に、選挙で選ばれたという点で、裁判官の政策決定を擁護することができるかもしれない。しかし選任された連邦裁判官によるものではあるが、アメリカ社会を形成してきた象徴的な事件である、プレッシー（Plessy）事件、ブラウン（Brown）事件、ロー（Roe）事件、シチズン・ユナイテッド（Citizens United）事件などは、上記の法の支配の定義に照らして安易に擁護できるものではない。それどころか、これらの事件は、アメリカ大統領選挙における連邦司法選任の政治化の直接的な結果である。このことは、憲法学の教授であったオバマ大統領自身が「選挙には結果が伴う」と言うような意味で、選挙を非正統化するものではない。しかしながら、政治化した司法が、経済成長のために財産権を解体する際に正統性に基づいて行動しているかもしれないからといって、それが良いことだとは限らないのである。

痛みを伴うほどの価値があるのか？

最初の問題は、誤りの可能性である。既存の経済構造の解体を裁判所や裁判官に委ねることは、存在しないかもしれない政策決定能力を前提とする。しかし、たとえその決定が功利主義的に正しいとしても、何が問題になっているかを思い起こせば、司法の役割はより重みを増すことになる。古くからの生活様式が壊されることに適応できない人々の苦痛に満ちた順応と挫折に満ちた期待は、ゆっくりと、できれば熟慮の上で進めることを要求しているのである。現代における16世紀の領民と自由民に相当する人々の生活様式を犠牲にすることが、長期的、総合的な利益の観点から正当化できるかどうかは、弱者の損失を補うために経済的利益を再分配するようにという貧しい国家に対する身勝手な忠告によって無視したり、回避したりすることができる問題ではない。成功者から取り残された人々への効果的な再分配が単に実現しないだけである。囲い込みにおいても、19世紀のアメリカの敗者たちにも、日本の地主たちにも、その分配は行われなかったし、カンボジアや同様の後発開発途上国でも行われないだろう。

この文脈で、トンプソンが「無条件の人間の善」としたものが、裁判所の政策的な知恵や教義的な忠誠心ではなく、裁判所のブレーキを引く役割であったことを

思い出すことが不可欠である。我々は、この観点からもう一度ブリストル第二訴訟を解釈し直してもよいだろう。仮に、この決定が、絶対的所有権が直ちに先行者優先主義に置き換えられた場合に生じるはずだった経済的、社会的、環境的進歩を阻害したという我々の推測が正しいとしても、その遅れは、トンプソンが称える善なる機能を果たしたかもしれない。もちろんこの議論は、この［訴訟の］ケースでは難しい。というのも、私たちは農奴や自由民、あるいはサンダーソン家のような無防備な中産階級を相手にしているのではなく、積極的な綿花栽培者を相手にしているのであり、彼らは隣人と同様に強欲で欲張りで、おそらくもっとお金を持っていたであろうからである。したがって、総体として大きな利益をもたらす必然性を先送りすることによって「快い生活への期待」を守られるべき人々の中に、彼らを見出すことは非常に難しい。

　しかし、特定のケースで経済的成功が図られたからというだけの理由で、経済的進歩の過程での財産権の解体における敗者の物質的なコストや、同様に重要な尊厳的なコストから目をそらすべきではない。これらのコスト、またそのような状況下での司法介入の機能的な弱点を思えば、法的機関の叡智が我々の経済の将来についての調停者としての役割を果たしうるという考えは、たとえ裁判官がその将来をいかに正しく思い描いていたとしても、よほど確固たる政治的支持がない限り、疑問を抱くべきである。もちろん、政治的コンセンサスがあれば、司法の介入は必要ないかもしれないが、必要な場合もあるだろう。そのような場合こそ、熟慮と謙虚さから生まれる知恵が、勝者を解放して経済と社会を前進させると同時に、敗者を置き去りにしないような行動指針を考案することができるのである。

財産権の解体の必要性は開発実務において何を意味するのか?

　前章までの説明で、経済成長における財産権の役割の理解を複雑なものとすることに成功したとすれば、避けて通れない疑問は、開発における法の役割に対する我々の新たな洞察が、今日の貧困国における法改革の実践を改善できるかどうかである。これまで強調してきたように、私は、長期的な法整備のための普遍的な青写真や、差し迫った政策課題に対する即効性のある答えを提供するつもりは毛頭ない。ケーススタディにおいても、今日の世界においても、その経験や状況はあまりにも多様である。しかし、2つの教訓が浮かび上がってきたので、それらに触れて終わりにする。

定義の重要性

　第一の教訓は定義づけである。新制度派経済学者であり、開発に対する複雑かつ柔軟なアプローチを一貫して主張してきたダニ・ロドリック（Dani Rodrik）が、最近アメリカのロースクールで、経済成長における制度の役割について講演を行った。90分にわたって、ロドリックが貧しい国の制度的なニーズに対して型どおりの答えを出すことを拒むのを聞き、いらだった学生が最後の質問をした。「確実に必要だと言えるものはないのですか。」その答えは、経済学者が立ち去ろうとしたときに返ってきた。「財産権です。」翌日、電子メールで、「誠実で有能な独立した司法機関によって施行される、完全に明文化された法定財産権の意味か」と尋ねられたロドリックは、「いいえ」と答え、「『財産権』を、投資家がその経済活動に見合った収益を確保できるあらゆるメカニズムのショートカットとして使っています」と説明している[5]。

　問題は、言うまでもなく、法学部生、法学部の教授、そして一般的な法律家たちが、実定的な制度という観点から考えていることである。彼らは、ボンコック湖周辺のホステルのオーナーやスラエアムバルの農民に安全を与えた対人関係のネットワークを財産権として考えることはない。また、深圳の小さな財産権ビルの所有者に保有権の保証を与えたり、多国籍企業に中国での投資は法律と同じように安全であると安心させたりするような、実定的な制度と非実定的な制度の間の相互作用を考慮することもないだろう。法的な訓練を受けた人々にとって、法は、ある種の形式を必要とする。すなわち、判決を公表し、その理由を説明する裁判官のいる裁判所、裁判プロセスを統括する正式な手続、さらに、選挙によって司法が選任されるアメリカの州においてさえ、直接的な政治的行動や影響からかなりの程度の独立性を必要とするものである。

　ルールは絶望的に曖昧かもしれない。裁判官は、政治的なハッカーであったり、腐敗した取り巻きであったり、単に無能であったりするかもしれない。手続きは、難解で不必要かもしれない。しかし、形式は存在しなければならない。おそらく最も基本的なことは、これらのルールや手続きは主権に関係せざるを得ない。慣習は、たとえ集団の構成員を拘束するものであっても、慣習法、すなわち国家によって承認された慣習になるまであるいはならない限り、我々の狭いながらも重要な用法における法とはならない。もちろん、いったん慣習、特に土地を支配する慣習が国家機

5　筆者との個人的なコミュニケーション。

構に適合するように実定化されると、それは慣習的性質を失うが、法律家がその慣習を法として、特に財産権として認識することで、必要な形式と実定性を獲得することになる。

　世界銀行のカンボジアのLMAPプロジェクトは、まさに紛れもなく、法であった。それは、フン・セン政権によって歪曲され、所有者の所有権を確保することを目的としてまさにその所有権の剥奪を正統化したのかもしれないし、カンボジアの裁判所によって執行されなかったかもしれない。言い換えれば、それは、悪法、無効な法であったかもしれない。しかし、意図したとおりに運用される法だけがそのラベルを貼る資格があると考えるのでない限り、LMAPと2001年土地法は、法の専門家の求める要件を満たしている。皮肉なことに、少なくともある一つのレベルでは開発経済学者にとっての基準を満たさないかもしれない。経済学者にとって、「財産権」は、実定的な要件ではなく、機能性、特に経済的な資産である所有権の保障の提供を意味する。この点で、カンボジアの法律は、既存の保有を確保することを意図していた人々の期待を裏切った。

　しかし、別の見方をすれば、土地法はその両方の定義を満たしていたのかもしれない。そして、ここに、権利付与プログラムのパラドックスが最も顕著に現れている。世界銀行やタイ人権委員会が認めているように、土地法は、ボンコックとコッコンの住民の実定的・非実定的な権利を解体したことは事実であるが、権利付与プログラムのように、土地を法的に宙ぶらりんな状態にしておくことはしなかった。現在、権利を主張する者であるシュカク社とコーンカーン社は、地元において認識された情報に関する沢山の書類や証拠に頼っているわけではない。彼らは、世界中からアクセス可能な、明確で、曖昧さのない、登録された所有権を持っている。さらに重要なことは、彼らは、あらゆる相手方、特に新しい生活を求めて散り散りになった以前の所有者から、その所有権を守る政治的、経済的な力を持っているということだ。彼ら、そしてカンボジアをはじめとしたその他の富裕層や富裕層とつながりのあるアグリビジネスや不動産開発業者にとって、この実定化された法はまさに意図したとおりに機能しているのだろう。彼らの投資が、国際的なホテルチェーンや建設会社に対して、その顧問弁護士にとって馴染みの深い所有権の形態に裏付けられていることを示すことができれば、シュカク社のプノンペン・シティセンターは、その広告が約束する「カンボジアの真珠」に発展する可能性があるのだ[6]。

6　マーケティングビデオは、「プノンペン・シティセンターの新展開 カンボジアの真珠（New Development of Phnom Penh City Center The Pearl of Cambodia）」www.youtube.com/watch?v=FMv5ToQfVdQ。蚊が一匹もいない！

同様に、タイや台湾などのアグリビジネスも、砂糖などの輸出を継続し、加速させ、カンボジアの GDP の目覚しい成長に貢献するかもしれない。このような結果が実現すれば、経済学者も弁護士も、彼らが望む（機能的で、実定的で、制度化され、執行可能な）法を手に入れることができるだろう。

注意と謙譲の価値

　以上の定義に関する教訓から、私たちは、非常に注意深くなること、そして、政治的、官僚的なシステムの中でうまくいかないことは、すべてうまくいかないと考えることを学んだ。

　近隣の森林で採食する権利を封じられたスラエアムバルの農民たちにはイギリス王座裁判所の救済が使えなかったし、国際的なアグリビジネス投資に直面している他の後発開発途上国の同様の村についても楽観視できる理由はほとんどないだろう。また、ペンシルバニアや日本の最高裁のような制度的な強さと正統性を備えた司法機関も、そうした国々にはないだろう。実際、強さと正統性に劣るであろう中国共産党のような組織さえ見つけるのは難しいかもしれない。このことは、貧しい国の官僚や司法がすべて腐敗し、効果的でないと断言するものではない。しかし、第一世界の立案者の夢を実現するために、有能で意欲的で自由な組織を作ることは、控えめに言っても一つの挑戦であり、もし能力や誠実さが存在しないと仮定すれば、その結果は単に資金と時間の浪費にとどまらず、現地の状況は既存の体制下よりも悪くなることがよくある。

　推進力、イデオロギー、専門知識、資金が短期滞在の外国人を通じてもたらされるが、彼らは国内のあらゆる面で支配的なアクターが持つ現地の詳細な知識も経験も欠く場合、カンボジアのケーススタディを除くすべてにおいて、この課題はいっそう困難なものとなる。1792 年の時点で、ロベスピエール（Robespierre）は、戦争によってフランス革命を広めるという同志の呼びかけに反対する演説で、この根本的な問題を認識していた。

　　政治思想家の頭の中に生まれ得る最も馬鹿げた考えは、人々が武器を手に外国人の間に入り、その法律と憲法が受け入れられると期待することで十分だと信じることである。理性の進歩が遅いのは自然の摂理であり、武装した宣教師を愛する者などいない。自然と慎重さの最初の教訓は、彼らを敵として撃退することである[7]。

　もちろん、世界銀行のエコノミストやオーストラリアの弁護士が文字通りの武器を携えているわけではないが、iPad、地籍測量衛星、ヘリコプター、ランドローバーなどが21世紀のナポレオンの大砲に相当するものとして認識されていないのは、想像力の欠如であろう。第一世界の改革者と第三世界の農民や労働者との間の技術、知識、富の格差が圧倒的であるというだけではない。また、現地の知識だけの問題でもない。たとえ人類学者が開発弁護士や経済学者に取って代わられるという非現実的な仮定を甘受したとしても、外国人であるという厳然たる事実は残るだろう。

　もちろん、外国の専門家たちを操り、利用し、彼らの金を使う地元の政治勢力は存在するだろうし、その結果は、間違いなく20世紀半ばの日本の保守政党と連合国占領軍がそうであったように、最高のものになる可能性がある。しかし、日本は完全に先進国であり、すでに民主主義国家であり、強力な制度と膨大な社会資本、人的資本を享受していた。海外からの影響力を、自民党ではなく、フン・センとその取り巻きに相当する人々が獲得した場合、経済成長の名の下に財産権を解体することは、政治的にそれほど好ましいことではないだろう。また、民主主義、法的手続、制度の強さがもたらす正統性なしには、長期的に見ても効果はないだろう。

　私は、民主主義が必要だと主張するつもりはない。民主主義が発展した国はないし、現在の貧しい国々にそれを求めるのは傲慢であり、愚かなことである。しかし、必要なのは、効果的な国内制度である。カンボジアは2016年の経済成長率第10位であるが[8]、パフォーマンスの正統性にも限界はある。中期的には、カンボジア、そして同様に一時的な急成長を遂げる途上国は、自国民でなければ作り出せない制度的な正統性を必要としている。その意味で、21世紀の開発実務者はナポレオンのような存在である。外国の専門知識、善意、資金は、内部主導による国家建設という、時間のかかる漸進的なプロセスを代替できないことを、彼らに警告しておかなければならない。結局のところ、開発が必然的に引き起こす苦痛に正統性を与えられるのは、自国が自ら生成する制度だけなのである。

7　https://en.wikiquote.org/wiki/Maximilien_Robespierre.
8　*CIA World Fact Book*　www.cia.gov/library/publications/resources/the-world-factbook/rankorder/2003rank.html.

訳者あとがき　金子 由芳

　本書を訳し終え、開発をめぐる法学の徒として、フランク・アッパム教授の学恩を改めて感じている。米国において、日本・中国を中心とするアジア比較法の大家として知られる著者が、その研究人生の終着点というべきステージで綴った本著において、「財産権」というテーマが選ばれたことは、印象的であった。本書の序文で著者自身が述べているように、財産法は教育者としての著者の出発点であったこと、またその教育経験が後日、1990 年代に、世界銀行の実施するラオスにおける財産法の起草支援に著者が関与する背景となったこと、そしてこれを契機に、著者は、開発経済学（とくにノーベル経済学賞受賞者ダグラス・ノースが牽引し世界銀行副総裁イブラヒム・シハタが実践した新制度派開発経済学）におけるドグマ的ともいうべき「財産権」への執念に強い興味をそそられ、その由来を探って、精力的な読書を展開したことが紹介されている。著者は、新制度派経済学者らの説く確定的に動かし難い意味で静的な「財産権」と、自らがロースクールで長く講じてきた変転する動態としての財産法とが真っ向から矛盾することに気づき、「衝撃を受けた」と記している。アッパム教授のその大きく揺さぶられた感性が、本書2章で、著者にとって全くの異分野であった開発経済学の渉猟を促す燃料となり、つづく3章では自ら長らく教鞭を執ってきた英米財産法の本質を改めて確かめんとする法制史の探訪へと向かわせ、そしてその視座はさらに著者がこれまで関与してきたアジア比較法研究の対象諸国へと向けられ、4章の日本、5章の中国、6章カンボジアと、3つの比較法文化論的な考察が展開されている。このような本書の構成は、著者が自らの研究・教育経験を総動員しながら進む思考経路において、一歩一歩と検証され深められていく推論の展開に沿って組み立てられ、読者とともに、深い洞察の境地へ歩みを進めるものとなっている。

　訳者の一人として私は、本書2章、3章、6章を担当した。なかでも6章は、著者が2章で問題提起した、数式的な単純美を追求する「物理学的な羨望」ゆえに開発経済学が「大いなる財産権の誤解」に陥っているとする仮説を、世界銀行の撤退という開発経済学者にとっても目に見える失敗事例となったカンボジア土地法プロジェクトを素材に、著者自身の現地調査に依拠してつぶさに検証を試みる、本書全体を通じても最も実証的な検討の章となっており、訳者としても、推理小説の謎解きのような高揚感を感じながらの翻訳となった。

　その6章カンボジアにアッパム教授が興味を持つに至った背景に、訳者の私自身も関わっている。米国に研究滞在中であった2009 年春、私はカンボジア土地法に

関する拙稿を引っ提げ、ニューヨーク大学のアッパム研究室を訪ねた。1990年代半ばから日本ODAの法整備支援に関与する過程で、私は、世界銀行が構造調整融資の資金供与条件として推進するモデル法が、開発途上諸国の国民にとって収奪的な結果をもたらしているとする問題意識を強めていた。当時の私は、ウィスコンシン大学デービット・トゥルーベック教授の率いる「第二次法と開発運動」の研究チームに参加し、研究成果を徐々に公表していた。一面識もない私の訪問を、アッパム教授は即座に歓迎し、しきりに「君は一体誰なんだ」と繰り返し連発した。明らかに、私の持ち込んだカンボジア土地法の草稿に興味を惹かれた様子だった。私の側も、日本法研究者としてのアッパム教授の前著『Law and Social Change in Postwar Japan』（1987年）の洞察力に深く傾倒していた。その師であるジョン・ヘイリー教授が実定法・裁判制度に焦点を絞って日本法を論じる謙抑的な態度と異なり、また計量的手法を駆使して通説を覆すマーク・ラムゼイヤー教授の前衛的アプローチとも異なり、水俣訴訟や男女雇用格差問題などの社会的紛争の背景に丹念に立ち入って、法と人々の生きざまを総合的な視座から観察し、異国の法社会の構造的特色を捉えようとするアッパム教授の方法が、私にとっては感覚的に腑に落ちる、大変近しいものに思われていた。ぜひ、そのような方法的見地から拙稿にコメントをもらいたいと依頼したが、アッパム教授は、「君の論文は興味深い。おもしろすぎるほどだ。しかし英語の表現がまだこなれていないし、どうかな、私のポスドクの学生と、いや私自身とでもいい、共著で出してみないか。まずは、カンボジアの現地事情についてもっと詳しく掘り下げたほうがいい」と、逆に誘いをかけられた。その結果、アッパム教授を2010年に神戸大学に客員教授として迎えることになり、私の代表科研でカンボジア訪問の運びとなった。

　世界銀行・アジア開発銀行の肝いりで導入されたカンボジアの2001年土地法は、貧困者への土地再分配を喧伝しながらも、その狙いは「登記なくして権利なし」のトーレンズ式確定権原登記制度の導入にあり、当時、意図的とも見られる一斉登記事業の遅れから全土の9割が未登記のまま放置され、登記を欠く農民や住民の強制立退きが社会問題化していた。本書6章は、著者ならではの洞察に満ちた、問題構造の詳細な検証となっている。

　ただアッパム教授と私の共著は、結局、日の目を見なかった。理由は、アッパム教授にとってはもともと本書2章の仮説に対する検証としての6章を書き上げることがカンボジア調査の本旨であったし、私にとっては、アッパム教授の方法には敬服を惜しまないものの、その結論に少し違和感を覚え始めていたからであった。ちなみに私の当該論文は別途、単著で2010年の比較法国際会議で報告・出版され、そ

の後フランスで興味を持たれて翻訳出版され、イタリアの学術誌でも公表されるなどそれなりの成果を得た。

　本書におけるアッパム教授の方法に私が称賛を惜しまない理由は、事例検討における著者独特の包摂的な洞察の深さばかりではない。本書においては、そもそも2章の仮説の提示が秀逸であり、すでに開発経済学の「大いなる誤り」はそこで明確に指摘され、またその原因が結論づけられているとも言え、3〜6章の事例検討はその結論にとっての傍証に過ぎない感さえある。トゥルーベック率いる批判法学による「法と開発」研究は、法を道具として利用する開発経済学への批判に満ちているが、アッパム教授の本書2章は、開発経済学に対する温かな理解と同情に満ち溢れている。なぜなら開発経済学もまた、利用されているからである。「法と開発」研究の論者には見出しがたいアッパム教授ならではの敬意の籠った勤勉な読み込みが、開発経済学の主要な名著に対して行われ、どこに誤謬の原因があったのかが丁寧に読み解かれていく。数式の美学が、国家の提供する登記制度を唯一確定的な立証手段とする絶対的な「財産権」の定立、という単純な前提を固定化し、それが投資・金融・市場取引を促進し経済成長率を高めると純粋に説かれる。しかしそのドグマに対しては、アフリカ・アジア・体制移行諸国に及ぶ多くの実証研究が、無数の反証を示してきた。アッパム教授の本著における意図は、開発経済学に対する既に十分すぎる反証をさらに追加する目的ではなく、むしろすでに明らかとなっているその失敗の原因を、法的視点で探究して行く試みと言ってよい。

　失敗のそもそもの原因は、経済学者が「財産権」を数式的な静的秩序として捉えてしまう学問的性向にあると、著者は見ている。ロナルド・コースやハロルド・デムセッツは美しい数式を示しながらも、それが現実にはあり得ない『涅槃』であることを強調し、現実には、財産権の政策的費用や取引費用はゼロではなく、また財産権の保有者は効用最大化のためだけに行動してはいないことに注意を喚起し、むしろそのような現実と向き合おうとする各国の制度経験に学ぶ『比較制度』的アプローチを呼び掛けていた。しかし数式は独り歩きを開始したのであり、その背景に、経済学の美学を利用するワシントン・コンセンサスの政治的意図があったことを、著者は断定的にではないが示唆している。1990年代、ダグラス・ノースは「財産権」の推進が政治判断であることを明言し、実定法（formal law）の推進者としてエルナンド・デソトが脚光を浴び、世界銀行副総裁イブラハム・シハタが「財産権は市場経済のインセンティブ構造の核心にある」と宣言した。ワシントン・コンセンサス躍如たるその時代に、アッパム教授自身、世界銀行によるラオス財産法の支援に関与し、この時代の証言者であったともいえる。ラオスにおける土地権原確定事業はカ

ンボジアと同様に多くの不正を産み、その後やはり世界銀行の撤退に帰着した。か
つてマックス・ウェーバーが予想したとおり、資本主義の「実定的な正義のシステム
によって合法化された経済的権力の不平等な配分が、しばしば宗教的倫理や政治
的便宜に反する結果をもたらす」とする指摘が、まさに現代の市場経済化過程の
最貧諸国において顕現する顛末に、アッパム教授自身が否応なく取り込まれ、その
渦中で深い思索を促されることとなった。その産物が本書であると言える。

　訳者の私自身、本書の翻訳を通じて、アッパム教授との、またアジアの財産法と
いう本書のテーマとの浅からぬ因縁に度々気づかされることとなった。私が初めて
JICA（当時の国際協力事業団）客員研究員として執筆した調査報告書『ラオスの
経済関連法制の現状と協力の焦点』（2000 年）では、1990 年代初頭の世界銀行
のラオス支援における単行法規の乱立姿勢を厳しく批判し、日本 ODA による体系
的な法整備支援の必要性を説いたが、その批判の矛先にアッパム先生が関与して
いたとは、私自身、本書を通して初めて気づいたことである。後日、その日本のラ
オス向け法整備支援がいよいよ本格化した際、本書のもう一人の訳者である入江
克典弁護士がラオス担当となり、アッパム教授に出会ったのも奇縁である。またアッ
パム教授は本書の随所で、「法と開発」研究による世界銀行ないし開発経済学へ
の一面的批判に難色を示し、たとえば「開発途上国の法制度の質的向上に務め
る際にも、"法の支配"や"財産権の保全"といった麗句を伴う理念を拒絶するこ
とは、ばかげているし、ひねくれている」、「世界銀行は西洋モデルをそのまま移植
することの本来的な危険に気づいていなかったわけではない」、「実践者たちが新
制度派経済学を皮肉りながら行ってきた改革努力を、皮肉るべきではない」等と論
すように語るが、これらの言は世界銀行の支援事業を直に経験したアッパム教授か
ら、私自身に向けられた反論であるとも受け止めている。私はその後、JICA 理事
長特命の環境社会配慮ガイドライン異議申立審査役を務めることとなり（2016 ～
2022 年）、期せずして、日本 ODA が関わるアジア・アフリカの土地関連事件に向き
合うこととなったが、これは本書6章でアッパム教授が描くカンボジアにおける世界
銀行の土地法支援の撤退をもたらした第三者審査と同じ、その日本版制度である。
開発とは何かを自問自答しながら進む国際援助の前線は、たしかにアッパム教授が
論すように、容易に「皮肉るべきではない」複雑性を思い知った。

　それでもなお、本書におけるアッパム教授の着地点は、それが先生にとっての最
終的な結論と言えるのか若干の違和感を残している。おそらく、本書の上梓後にも、
アッパム教授は引き続き回答を探し続けておられるような気がしてならない。本書の
当面の回答としては、今日国際機関が推進する「財産権」の内容そのものには立

ち入ることなく、むしろ「財産権」の「形成と実施における前例のない影響力や支配力」に注目し、それが経済学者の『涅槃』として描き出す美しい方程式とは程遠い、おどろおどろしい権力闘争の動態であるという理解に依拠したうえで、その闘争プロセスをより痛みの少ないものに改善するための『比較制度』アプローチを推奨し、そこでの法学の貢献の可能性を展望するものとなっている。カール・ポランニーいわく、法は変化の度合いを遅らせた点において「正確に評価」されるべきであると。

　ただ、アッパム教授が敢えて遠ざけた財産権の内容面にこそ、世界銀行を始めとする国際援助機関の土地法改革の真の問題性が根ざしていることに、じつは先生自身も気づいておられるはずである。序文で「開発の専門家たちは、実際の経験から学ぶのではなく、貧しい国々に実際にはどこにも存在しなかった西洋の財産権システムを想像し、理想化したものを採用するよう促している」として『涅槃』アプローチを批判し、またカンボジアの法改革を理解する上で重要なのは「教学的な細部」ではないと往なしながらも、しかし著者は他方で、6章脚注23でひそかに、土地法モデルが「植民地主義の法的側面に類似することもまた特筆される」と重要な指摘を行っている。これは訳者の私が最近まで追いかけて来た論点である（Kaneko, Kadomatsu & Tamanaha, Land Law & Disputes in Asia: In Search of an Alternative for Development, Routledge, 2021）。トーレンズ式確定登記制度は英国東インド会社の形成した植民地法であり、19世紀末までにオランダやフランスの植民地にも汎用モデルとして通用し、じつは日本の不動産登記法もこれを意図していたが、しかし旧民法起草者ボアソナードの登記対抗要件主義によって阻止された。アジア諸国は独立後にこの悪しき植民地法の超克に努力したが、今日、世界銀行による土地法改革が植民地モデルの復権を推進している。日本のカンボジア民法典支援は、登記対抗要件主義で世界銀行と対立したが、アッパム教授は言及しない。むしろ「経済成長の視座からすれば、土地法がその仕事をいかに強引にであれ成し遂げ得ると、暫定的に結論できるだろう」とし、「どの変化も、生産性の向上や民主主義の深化、社会福祉の純増のいずれかにつながったのである」として、土地法の内容的批判を最後まで遠ざけている。しかし皮肉にも母国アメリカでは、強制登記制度としてのトーレンズ式登記制度を実施する州は未だかつて一つもないことを、著者は敢えて語らない。

　アッパム教授は、他方でアマルティア・セン（Amartya Sen）による「開発」の開かれた定義に言及することを忘れない。トーレンズ式権原登記制度がたとえ経済成長を実現できるとしても、今日、持続可能な開発（SDGs）時代の「開発」定義

はもはや、功利主義的な国民総生産の増大のみを唯是とする「開発」ではないことを、アッパム教授は指摘している。新たな目標には新たな法内容が相応しいはずである。それでもなお、「実定法形成というトップダウン型」の開発を、農村コミュニティのローカルナリッジと調和させ、生産性と社会的正義の両立を導こうなどという「非現実的なボトムアップ型」の展望に、アッパム教授は与することはない。このような批判は、一読者としての私に向けられているようにも感じている。「カンボジアにおいても、また他のいずこにおいても、ただちに立ち現れるいかなるユートピアはなかろう」、と著者は事例検討を締め括っている。

　本書の叡智は、悲観的な叡智である。弱者の収奪を踏み越え、国家と資本が手を結ぶ新自由主義的な開発が展開し、法がその強者の道具立てとして機能する現実は、英米法の歴史的回顧からしても、アジアの比較法的考察からしても、避けられない人類の定めであるとみる諦観が、各章の通奏低音として本書には流れている。しかしその諦観の境地もまた、一つの知の到達した『涅槃』ではないかと、私には思われる。現実は、もっと多様な可能性に開かれているのではないか。著者が私たちに希望を抱かせるのは、ただ、弱肉強食の自由世界に、せめてもの民主主義の制度基盤を食い込ませ、少数の強者に対して多数の弱者が最低限度の分け前を要求する機会を保障することにより、剥奪の速度を漸進的なものとする実定法の機能を、「法の支配」と呼び、期待を残す点である。カンボジアの事例は、土地法事業の失敗であるよりも、民主主義の制度基盤を形作る「法の支配」事業の失敗として、筆者には理解されている。本書のおわりに「国家建設という時間のかかる漸進的なプロセスを外部者が代替することはできない」とアッパム教授は警告を発し、「開発が必然的に引き起こす苦痛に正統性を与えられるのは自国が自ら生成する制度だけなのである」として筆を置いている。「法の支配」を旗頭とする援助機関の内政干渉に対する警告であると同時に、それは、自力で民主主義の維持をなし得ず、唯々諾々と外部介入に口実を与えてしまうアジアの為政者や国民に対する、アッパム教授の厳しくも温かい叱咤の声として、一読者としての私は受け止めたい。それは開発途上国だけではなく、今日の日本に生きる我々自身にも直接向けられた、日本法研究者として名高いアッパム教授の最終講義であると理解し、その学恩に改めて深い感謝を覚える。

　終わりに、本書翻訳の機会となった入江弁護士による熱心な提案に改めて感謝するとともに、原著の出版社 Cambridge University Press 社との交渉を始め、本出版の実現に終始奔走頂いた神戸大学出版会に心より感謝を申し述べたい。

訳者あとがき　入江 克典

　この本は日本の法整備支援に何らか示唆を与えるのではないか。ニューヨーク大学ロースクールに客員研究員として在籍し、法と開発の研究に従事していた私は、師であるアッパム先生の本著を読み、日本語版の出版に挑戦することを決めた。事は順調に進んだ。先生にこの翻訳の計画を諮ったところ、二つ返事でOKを頂き、本著の出版元であるケンブリッジ大学出版（Cambridge University Press）に日本語版出版の了解を取り付けて頂いた。また、日本の法と開発研究を先導され、私が国際協力機構（JICA）に勤務していたころよりご厚意頂いていた金子由芳神戸大学教授に、この計画の相談をした。謝辞にもあるとおり、金子教授は、神戸大学で客員教授として教鞭をとられていたアッパム先生とともにカンボジア研究を行い、本著に寄与された方である。金子教授からも、すぐに共訳に快諾頂いた。

　私が先生のいるニューヨークに来たきっかけの一つは、序文にもあるように、先生がラオスの土地法改革に携わっていたことだ。私は、2015年よりJICAにて法整備支援に関与し、約4年間ラオスに滞在して、民法典の起草支援を含む、民事法の改革に関与した。ラオス滞在時に先生の存在を知り、連絡を取らせて頂いた。日弁連の推薦派遣制度のアドバイザーに先生が就任されていることがわかり、ご縁を感じ、この制度を利用して渡航することを決めた。私がラオスでの経験を踏まえて英文論文の執筆を検討していた際には、身に余る評価を頂き、論文を発表することが「社会への奉仕」となるのだと強く背中を押していただいた。

　アッパム先生は、東京や神戸に滞在された経験から、日本の社会や文化に精通していた。滞在時に愛娘を日本語教育の中に置いたことで英語の運用能力に問題が出てしまった経験から、ニューヨークの公立学校に通っていた私の長男をいつも心配してくださった。日本社会のジェンダー論にも強い関心を持っており、いわゆる同性婚訴訟の大阪地裁や札幌地裁の判決について議論したことがあった。

　私は、幸運にも、先生のロースクール退職前最後の「法と開発」を聴講する機会に恵まれた。先生は、国家の開発政策の文脈で光の当たりにくい、社会に内在するインフォーマルな制度や、国民とくに貧困層や周辺層の権利に対して一貫して光を当てていた。第7章最後の一節を再掲したい。

　「外国の専門知識、善意、資金は、内部主導による国家建設という、時間のかかる漸進的なプロセスを代替できないことを、彼らに警告しておかなければならない。結局のところ、開発が必然的に引き起こす苦痛に正統性を与えられるのは、自国が自ら生成する制度だけなのである。」

　財産権を巡る歴史的考察と先生自身の世銀での経験を踏まえて導出された結論がこの箇所に集約されている。東南アジア諸国を中心に、民法、民事訴訟法等の起草や、司法省、裁判所、検察などの実務機関の運用改善を実施してきた日本の法整備支援は、この「警告」をどのように受け止めるのだろうか。必然的に招来する「苦痛」にまで寄り添う覚悟があるのだろうか。そのように感じてならなかった。

　さいごに、個人的ではあるが、本著日本語版刊行は、私の先生への報恩でもある。この場を借りて、アッパム先生のご厚情（さらには長年にわたる日本の弁護士に対するご助力）に深く感謝申し上げたい。

原著：The Great Property Fallacy – Theory, Reality and Growth in Developing Countries
(Cambridge University Press, 2018)
なお同著は、著者の愛妻レスリー（Leslie）に捧げられている。

著者：フランク・K・アッパム（Frank K. Upham）
ニューヨーク大学ロースクール・ウィルフ・ファミリー名誉教授（財産法）。30 年以上にわたりアメ
リカのロースクールで財産法を教えたほか、アルゼンチン、中国、イスラエル、日本、台湾でも教
鞭をとった。また、世界銀行のコンサルタントとして、東南アジアの財産法改革に携わった経験も
ある。ニューヨーク大学ロースクールでは、財産法、法と開発、日本や中国の法と社会に関する多
くの講義を担当して来たが、2022 年をもって退職、長い教育活動の節目となった。
主著『Law and Social Change in Postwar Japan』（ハーバード大学出版会、1987）は米国内外の
学会で高く評価され、トーマス・J・ウィルソン賞を授与。

訳者：金子由芳（2章、3章、6章を担当）
神戸大学社会システムイノベーションセンター教授。比較法（アジア法）、「法と開発」専攻。とく
にアジア諸国の土地法に関心を抱き、編著 Y. Kaneko, N. Kadomatsu & B. Tamanaha, eds. Land
Law and Disputes in Asia (Routledge 2021)、単著『ミャンマーの法と開発』（晃洋書房 2018） 等
がある。また国際協力機構（JICA）環境社会配慮ガイドライン異議申立審査役（任期 2016―
2022 年）として、日本の ODA 対象諸国における土地法に関連する紛争解決に関与した。

訳者：入江克典（序章、4章、5章、7章を担当）
弁護士。国際協力機構（JICA）のアドバイザーとしてミャンマー・ベトナム・インドネシア等の法整
備支援に従事した後、ラオスに滞在し、同国初の民法典起草と成立後の運用を支援した経験を
持つ。ニューヨーク大学ロースクール、アメリカ・アジア法研究所（US-Asia Law Institute）の客員
研究員としてアッパム教授に師事（2021 年– 2022 年）。

財産権の大いなる誤解
開発における理論、現実、展開

2023年3月31日　初版第1刷発行

著　者 ── フランク・K・アッパム

訳　者 ── 金子由芳・入江克典

発　行 ── 神戸大学出版会
　　　　　〒657-8501　神戸市灘区六甲台町2-1
　　　　　神戸大学附属図書館社会科学系図書館内
　　　　　TEL.078-803-7315　FAX.078-803-7320
　　　　　URL:https://www.org.kobe-u.ac.jp/kupress/

発　売 ── 神戸新聞総合出版センター
　　　　　〒650-0044　神戸市中央区東川崎町1-5-7
　　　　　TEL.078-362-7140　FAX.078-361-7552
　　　　　URL:https://kobe-yomitai.jp/

印　刷 ── 株式会社 神戸新聞総合印刷